Ludwig Weibel
Wohlklang singender Schalmeien
Allweisheit strömt vom Herzen Gottes zum
erhabnen Paar

Books on Demand

Bibliographische Information der Deutschen Nationalbibliothek
Die Deutsche Nationalbibliothek verzeichnet diese
Publikation in der deutschen Nationalbibliographie,
detaillierte bibliographische Daten sind im Internet über
http://dnb.dnb.de abrufbar.

© 2016 Autor: Ludwig Weibel
Herstellung und Verlag:
BoD – Books on Demand, Norderstedt
ISBN 9783739217260

Ludwig Weibel

Wohlklang singender Schalmeien

Inhalt

Heiterkeit in seligem Genügen

4807
17.2.92
Eben dem Geist entsprungen
legt sich eine Perle in deinen Schoss
von silbersamtnem Glänzen

Wirst du mir dein Köpfchen leihen,
dass die Hände sich in
liebeleichter Seligkeit daran vertun

Binnen kurzem steht das
Mondaug, kugelrund vom eignen
Glanz umflossen, im nächtigen Azur

4808
1.3.92
Dem Gang der Zeit
gemäss wird deine Seele sich
in Mir vollenden

4809
6.3.92
Ave, ave dem Gerechten
dem die Stimme der Verheissung
Glück verlieh

Hochgeborner Schwingung
liebevolles Sagen streift
dein hingegebnes Ohr

und gewährt der Seele
sagenhafte Seligkeit
im Schweigen

4810
6.3.92
Braut des Herrn
im Blütenkleid der Sonne
nenn Ich

deines Seiens
wohlgefächertes
Befinden

Sommervögelchen der
Tugend deines Weilens Anmut
im erstrahlenden Azur

4811
6.3.92
Weihevolle Weisheit
ziert dein
schwingendes Gewebe

Freudenreichtum
seh Ich deinem Wesen
ätherlicht entschweben

im Gesang der Leichte
der dich wie von Engelchören
rings umflutet

4812
6.3.92
Wohlklang singender Schalmei'n
erfüllt den Fühlraum
deines Weilens

Abgeschiedenheit im
Heiligtum der heilen Geister
lässt dich jubeln

wie das Kind
im glitzernd hingeflockten
Schnee

4813
6.3.92
Es ist das Zeichen Meiner Gunst
das du und deine Schwestern
auf dem Scheitel tragen

die eingesenkte Liebenswürdigkeit
die Ich der Würde
deines Seins verlieh

Mich deinem Streben
gnädig
zu erweisen

4814
6.3.92
Vom Baum der Hoffnung
wohlgenährt
bereite Ich

was alle Wesen
in Entzücken
kleidet

und verschränke Mich
voll Liebe in ihr
reichgeschmücktes Seelenwohl

4815
6.3.92
Ave, ave gleitet
wo Ich Bin
von hinnen

Überzeugtheit von der Götterpracht
befeuert
Meinen Sinn

und lässt die Seele
sich in Gläubigkeit
vollenden

4816
6.3.92
Warmen Tons
Begeisterung erfüllt Mich
wo Ich schwebe

Siegeslächelns Anmut
ziert die Wangen
obenhin

in Gewährnis
der Glückseligkeit
von Himmels Gnaden

4817
6.3.92
Traut gewordnes
Meine-Wesenheit-
Gewahren

In der Heimlichkeit
des Seins Mich
eingeschlossen sehn

ohne nach Befreiung
aus der süssen Haft
zu fragen

4818
6.3.92
Loblied auf die
Leichtigkeit im Reich
des Schwebens

Minnesang an
was Mir Unbekümmertheit
verlieh

im wohlerwogenen
Dem-Weltenruhm-
Entsagen

4819
6.3.92
Triumph der Friedensmächte
die sich Meinem Flehn
ergaben

Hingegebenheit der Seele
an die Quelle
des Verstehns

wo Auroras Künste
die Gesegnete
erlaben

4820
6.3.92
Trank der Wonne
im
Geniessen

Heiterkeit des Seins
im strömenden
Gewinn

den die Beglückten in der
Liebesnacht der Gottgefälligkeit
ertragen

4821
10.3.92
Ich trage, was das Sein
betrifft, vor
dein Beschauen

erlebst du Mich, erlebst du
was dem Leben Glanz
verleiht im Freudestrahlen

Wir sind -damit sich alles fügt-
die Fügenden im
Mosaik der Weltentaten

4823
29.3.92
Equilibrium des Seins
elysisch
im Empfinden

Hochgestimmtheit
zweier Seelen in der
Blüte reinen Glückes

vor dem
Strahl
der Götteraugen

4824.1
10.4.92
Notturno zweier Sehnsuchtsseelen
in der Lieblichkeit der Stille
ohne Grenzen

Balsam für den Hunger nach
Geborgenheit im
Seelenfrieden

Laut für Laut enthüllt sich uns
der Duft der Sprache im
Geborenwerden

Klang gewordne Sätze schmiegen
sich ins hingegebne Ohr und
lassen die Gefühle leis vibrieren

4824.2
Wieviel von Schönheit ist doch zu entdecken in
der wohlgestimmten
Melodie des Sagens

Wieviel Wärme strömt sich
ins Verbreiten schwebender Gesänge
in die mitternächt'ge Ruh

Traut und liebevoll ruh ich
bei dir
im köstlichen Verweilen

Was du nie geahnt, will ich
im Zug der zarten Minne
dir vergeben

leise, leise deines
Seelenschwingens
Ton berühren

4824.3
Saiten schlag ich an
wie die der Harfe im
gefeierten Erklingen

Schwebende Brillanz
erzeug ich im Geviert
des seligen Lauschens

Im Gefühl der lautern Liebe
krön' ich deine Wachheit
mit entzückender Gebärde

und bewahre dich im
Zustand reizender Beglückung
in dein Sein gesenkt wie nie zuvor

4824.4
Weise Güte will ich spenden
dem, was du mir bist, im
Schoss der Wesensruh

will deine Gegenwart berühren
wie mit Händen
auf der Woge des Vergebens

4824.5

Was so zärtlich wirkt und so
erhebend, kommt von
lichter Engelgleiche her

So fein gesponnen ist
nur ihrer Flügel Flaum den wir
im Einssein liebevoll erahnen

Sie sind's, die uns nach
jeden Tages Fülle
in den linden Schlaf geleiten

Ihr makelloses Wesen ist's
das uns im Ruhn umfängt
die Unschuld uns zu wahren

4824.6

Wie reich und reif ist doch
das Sein, das uns zu soviel
milder Freude führt

Wie dankbar sind doch unsre
Seelen für den vielgestalt'gen
Strom der Schöpfergaben

So lass uns denn einander
in den Traum geleiten
wonnevoller Herzensoffenheit

und uns erquicken
an der all so schön
geword'nen Ruh

dem Wesen
der Unendlichkeit
ergeben

4825
2.5.92
Ihr seid im Liebelicht vereint
in der Gemeinsamkeit
der linden Tage

Ich seh durch
euer Sein die
Morgenstille strömen

O holde Eintracht
in den Wesenssphären
Meiner Harmonie

4826
2.5.92
Wir gleiten
aus dem
nächtigen Schweigen

in des
Tag's Redseligkeit
hinein

in der
Einheit des
Empfindens

4827
2.5.92
Leise
lass uns Dank
zum Himmel senden

für den
Klang
der Harmonie

zu dem wir
unser Sein
erhoben

4828
Stille waltet
in der Sinnwelt
unseres Teilens

heil'ge Freude
in des Herzens
schwebeleichtem Ruhn

aus der
Seligkeit
geboren

4829
9.5.92
Unsrer Göttlichkeit
gemäss
versuchen uns die Geister
pausenlos

Nur dem Heldenmut
entspringt der Sieg
nach dem wir streben

Bedenke, welche Chance
dir gegeben ist, in dieses
Lebens Auferstehn

4830
28.5.92
Arie
der Lieblichkeit
im Reinen

Zweigestimmtheit
eines langgedehnten
Tons

in der
Vollkraft
des Gelingens

4831
16.6.92
Engelgleiche beugt sich nieder
deiner Liebe Lichtheit zu umfahn
in des Morgenlächelns Wiege

Heil im Heilen
Frohgemutheit im Erstehen
neuen Seinswerts in des Tags verlockenden
Gedanken

Lass dich wiegen vom Geschehen
das dich in die Weiten trägt
Urkraftwonne zu erfahren

4832
20.6.92
Seinsbewusstheit
unserer Vereinigung
in der liebelichten Zeit

Glückseliges Besinnen
auf die Gründe dessen
was wir uns bedeuten

Hinflug
zu den höchsten
Lebenshöhn

4833
Singender Reigen
schöner Geister
im sonnenlichten Tal

Ausgefächertes Empfinden
deiner
Wesensnähe zu

Von der Herzglut
angefacht wallt Liebe
hin und wider

4834
24.6.92
Wesenhafte Liebe trägt uns
über Zeit und Räume
uns'rer Einheit zu

Heimgekehrt wirst du
die Freude Meiner Gegenwart
herzinniglich empfangen

Ich sehne Mich
mit allen Fasern Meines Seins
dir zu

4835
30.6.92
Hier zwei kleine Liebesgaben
traute Julia
in glückerfüllten Tagen

Wunschlos bin ich, wenn ich bin,
wie du es bist im Wesensaugenblick
von glanzerfüllten Stunden

Liebe leitet dich zu mir und leitet
uns zum Freisein in der
Daseinsseligkeit Beginnen

4836
2.8.92
Allegorie des Glücks,
in deinem Armspiel
mich zu finden

Verströmen
feingefühlter Lieblichkeit
in dein Erwarmen

im
Sagenreichtum
reiner Harmonie

4837
21.8.82
Skulpturesk in jedem
Zärtlichkeitsbezug seh Ich
dein wonnevolles Weilen

In die Gemeinsamkeit
verfliessende Gefühle lächeln
Meinem Innesein entgegen

Ich Bin das so vollendete
zum Liebesbund
gestylte Paar

4838
24.8.92
Des Morgens Goldhauch
spendet dir Gedankenklare
seelentief

Ich trage
Himmelskraft in
dein Befinden

wie meines
Herzens Heiterkeit
zu deinem Wohl

4839
25.8.92
Liebevoll und heiter
leg ich mich zu deiner Güte
im Verehren

Vor dir übe ich das
Seinserwecken in
bezaubernder Gestalt

deinem Lächeln
meine Züge
einzuprägen

4840
26.8.92
Wir ziehen uns
in unseren Herzen
gross

Ein Hauch Berührung
wandelt alles
in Bewegtheit

einer
unvergesslich
friedevollen Zeit

4841
27.8.92
Im Zeichen liebender
Beglückung reich ich dir
die Morgenschale

Trinkend spürst du
welchen Nektar uns der
Lebensquell vergibt

aus weiser
Unerforschlichkeit
entsprungen

4844
30.8.92
Ich bewahre Mich
in Seinsgelassenheit
und Güte

Friedfertiger Stärke
Überlegtheit
Bin Ich

makellosen
Schweigens

4845
30.8.92
Freigeist
ungehemmter
Taten

Überschauer
des Gelingens

aus
erwählter
Ruh

4848
30.8.92
In
Alertheit
hinzuschreiten

weckt
entzückendes
Behagen

in der
Seinsbrust
Meiner Sinnorgie

4849
30.8.92
Weitausholenden
Beformens
werf Ich

Kontinent-Entwürfe
aus der
Denkkraft
fliessender Magie

4850
30.8.92
Inseln
paradiesischen
Geflüsters

seh Ich
Meinem Sinn
entschweben

werdeleicht
beschleunigt
ins Umkreisen

4851
30.8.92
Voll-
lebendig
spriesst ihr Leben

aus
erkennender Gewähr

zu der
Multiwesenschaft
Gezirp und Schlagen

4852
30.8.92
Bacchisch und
lukullisch decken sich
die Tafeln

der naturbedingten
Fruchtbarkeit

Meinem
Naschgestürm
zu Diensten

4853
30.8.92
Wo Ich
Wonne pflanze
unter Palmen

lös Ich Mich
im Schmelz
der Zärtlichkeiten auf

die sich
die Liebedurstigen
vergeben

4854
30.8.92
Abendweihgeflimmer
lass Ich auf
die Szene schweben

vollgültiger
Wahrheit

in den Traum
gelullt herzinnigen
Mich-Ergebens

4855
30.8.92
Mein Sein
in jedem Sinnspiel
das Ich webe

Lächelnder
Behutsamkeit
Entschwinden

wenn
Ich Mich
im Traum verweh

4856
31.8.92
Heimlichkeit des Heils
in fein verschlungenen
Gesängen

Aufschwung reiner Güte
in der Herzenswonne

die wir uns im
Freudenreich der Zweisamkeit
vergeben

4857
1.9.92
Im Geleitzug
junger Hoffnungen
beginnen wir den Tag

Lass dir leis gesagt sein
dass ich dich liebe
in des Herzens Melodie

Behutsam weih ich dir den
Morgengruss im Akt der
sanft berührten Lippen

4858
2.9.92
Still, still
ich webe Liebe in
dein Selbstverstehn

Bewahre dir
die Herzensfreude
durch den Tag

Hast du nachts
den Sternstaub
leuchten sehn

4859
3.9.92
Dein Friedensengel
Bin Ich, morgen-
wallenden Gemüts

Ich verhelfe dir
zur Einsicht in dein
Seelensein

und lasse
Freudenstürme
in dich fahren

4860
4.9.92
Ich vernehme
deiner Seele
lächelndes Präsentsein

Lass uns
schweigenden Gemüts
dem Seinsruf dienen

Allheiligkeit verbreitend
führt er uns
dem Lichte zu

4861
6.9.92
So sind wir denn
Geschöpfe des Lichts
im Werden

Wesenhafte Trautheit
führt uns
durch die Zeiten

des Erdenwandels
in der Geschichte
unseres Seins

4862
8.9.92
Dankbarkeit und
Liebe sollen uns an diesem
Tag bewegen

Unser Herz in seinem Blut
ein heiliges Symbol von
Kraft und Opfertaten

Auf hoher Warte singen
wir der Schöpfung
liebelichtes Lied

4863
9.9.92
Von Tag zu Tag
die Wortbrücke ins
Jenseits reiner Gedanken

Verströme dich dem Sein
geliebte Seele, wie die Sonne
sich dem Horizont vergibt

Ich schmücke dich mit
Kränzen fein geflochtner
Laut-Magie

4864
10.9.92
Im Millenum des Bewusstseins
wird uns, was wir *sind*,
vergeben

Eines Paars Gemeinschaft
ist ein Quell von Lieblichkeit
an dem Ich Mich erlabe

Holde Süsse des
Bewusstseins reiner Nähe
im Erleben

4865
11.9.92
Leis, leise dämmert
mir ein Wort im
Herzerfahren: Du

Kaleidoskop des Hoffens
auf
erhabenere Tage

an des Lächelns Herd
im ewigen
Besingen

4866
14.9.92
Heilgewässer
baden dich
im Liebesströmen

Lilie der Reinheit
seh ich dich, glückselig
vor dem lichten Liebesstrahl

Dem Wesen unsrer Seinsnatur
gemäss, hebt sich
Vereinigung in unser Schreiten

4867
15.9.92
An die Liebe vergeben
erfüllt sich
das Sein

Das Sein
will im Vereinen sich
mit Zartheit überströmen

Und immer
lächelt sich die Liebe
Liebenswürdigkeit entgegen

4868
16.9.92
Ich begleite die Umschlungenen
dem Strom des Seligseins
entgegen

Ins Elysium erhoben
gleiten sie in
Traulichkeit dahin

in ihrem Sein
dem Sternenglanz
verwoben

4869
17.9.92
Ersinne dir
den Klang der Majestät
in Meinen Graden

Du küsst' das Sein
wo du die Lippen
anlegst, Zärtlichkeit zu kosten

Vereine dich der Grösse
im Bewusstsein deiner Würde
vor dem Tor

Wir singen uns
das Morgenlied
im Herzumfangen

Des Morgenlächelns Weise

4870
18.9.92
Dorthin senden, wo du bist
will ich des
Morgenlächelns Weise

Dir in die Arme fallend
fall Ich in Mich selbst
voll Freuden

Was dem Herzen frommt
gewähr Ich dir
in silberheller Ruh

4871
18.9.92
Im Morgenweihesein
erlausche ich mit dir
den Sang der Himmelsweiten

Was uns betrifft gewährt die
Göttin des Gestaltens
seliges Erblühn

Vom Duft der Liebesfreuden
trunken schweben wir im
Dasein federleicht dahin

4872
19.9.92
Ich seh das Wesen der Ruh
aus der Ruhe zweier
Glückseliger schweben

Ihr Sosein ist
Friede und Trautheit
im Strömen

in Sanftmut verwandelt
ihr schnurrendes
Herz

4873
20.9.92
Einklang in der
Symphonie der
Lebenstraulichkeit

Seligkeit
im
Schmetterlingsgebaren

Friedensfülle
sternglanz-
überzogen

4874
20.9.92
Kraft der Güte
jubelnde Lebendigkeit
im Seinserleben

Atem des Natürlichen,
im Wanderparadies
erlebt

Schreitendes
Gestilltsein im
weihevollen Morgenäther

4875
22.9.92
Im Seinsglück blinken
dir die Sterne volle
Zuversicht entgegen

Geteilte Freud
umlächelt die Vereinten
doppelt schön

Was sie erwartet ist das
paradiesische Erleben
seinsgeschaffener Natur

4876
24.9.92
Ich hab mir liebevoll dein
Köpfchen in die Hand gelegt
dich zu erheben

Dir nah bin ich
im Morgenlicht, dein
liebevolles Sein zu spüren

Fass ich dich an
so fass ich eine Welt in meines
Herzens ehrfurchtsvolle Gründe

4877
25.9.92
In deine Gegenwart versunken
bild ich mir ein Bildnis
deines Wesens

Dominanz der Fühlwelt
vollbelebte Fantasie
im wogenden Bewusstsein

An die Lieblichkeit
Vergebene verschwimmst du
federleicht in Freuden-Tränen

4878
9.10.92
Wesenhaft umschlingt
die Beiden reine
Herzensharmonie

Trautes Wachen
Wang an Wange
löst sich ins Beglücken

Leise fluten
Ströme sanfter Liebe
hin und wieder

4879
11.10.92
Notturno dilettantesco
nach dem Mass ungelenker Finger
von des Herzens Einfalt.

Gruss zur Abendweihestunde und
zur Nacht in Deines Kämmerchens
Verschwiegenheit.

In ungestörter Stille fühl
ich mein Lebendigsein, wie
deins, am Saum des nebel-
nassen Tages

Einer Kerze Lichthauch
steht am Docht
sich selbst verströmend wunderbar

Wie friedvoll sind die
Dinge, die uns in der Weisheit
unterweisen und wie blinde
sind wir oft, die Poesie des
Daseins nicht zu spüren

Lass es nun gut sein nach dem
lauschigen Gespräch und
entschlummere mit mir
in zuckersüsse Träumchen

4880
12.10.92
Deiner Seelenfreude
ström ich liebevolle
Heiterkeit entgegen

Ich winde dir ein
Kränzchen aus Verehrung
und Behutsamkeit

das ich der Anmut
deines Köpfchens
überlege

4881
17.10.92
Liebeswonnentraum
im wachenden
Vereinen

Verlorenheit an
die Gestimmtheit der Natur

von Lieblichkeit
zu Lieblichkeit
getragen

4882
20.10.92
Des Vertrauens Milde
leite deinen Sinn zum
lächelnden Ertragen

Grosse Güte birgt des
Schicksals Unterfangen im
bewussten Stählen

Wir ziehen, Herz in Herz,
getrost durch
unbekannte Strassen

4883
20.10.92
Wunder- über Wunderwerk
geschieht an dem, der sich
dem Sein ergibt im Leben

Im Wesenhaften
siehst du dich
erlöst von deinen Träumen

Die Flügel zu entfalten
ist der Sinn des
liebevollen Sich-Verstehns

4884
21.10.92
Schritt um Schritt gewähren
wir uns Freiheit nach des
eigenen Beliebens Fülle

Wir schauen unser Sein
beglückt in des
Bewusstseins Tiefen

Begaben uns mit Zärtlichkeit
in unsrer Herzen
reichgedecktem Wohl

4885
24.10.92
Ergreifendes
Gemenge holder
Liebestaten

Furore in der
Glanznacht
glücklichen Verstehns

Vom Entzücken
ins
Elysium getragen

4886
25.10.92
Alabasterhelle Träume
lassen uns
ins Sein entschweben

Im Wesen des Vereintseins
blüht die Blume
Harmonie

Der Freundschaft Sterne
blinken uns Erwiderung
ins Seelenangesicht

4887
27.10.92
Weisheit unterweisend
weis Ich dir den Weg
ins Glück der Sterne

Ich empfinde mit dir
neuen Freiseins
Quellgemurmel Tag für Tag

Warmen Hierseins Wonne
überflutet uns im
lächelnden Erleben

4888
28.10.92
Verhalten noch
erklingt die Melodie des Seins
aus deinem Sagen

Entwindend dich den Träumen
von Glückseligkeit, *bist* du's
im augenblicklichen Gewahren.

Oh holde Minne der Bewegtheit
zweier Herzen, wenn sie sich
dem Abschiedsgruss ergeben

4889
29.10.92
Erleuchtung weitet sich
zu leuchtender Brisanz
im Seinsstrahl

Erhabenheit gewährt
der Seele
glückhaft Ruh

und lässt die
Lebensfüsse
Freuden tanzen

4890
29.10.92
Der Allweisheit gib dich hin,
in Treue ihrem
Wahrspruch zu gehorchen

Sprich leise, leise dein Gebet
im Seelenraum des Sehnens
deiner Freiheit zu

Wie liebevoll gedenkst du
heute noch dich dem
Geliebten anzuschmiegen

4891
31.10.92
Reiner Geistigkeit
entsprungen überschaue Ich
der Menschenkinder Spiel

Ich lasse Mein Empfinden
durch den Fühlraum
Meines Wesens wehn

dem Zärtlichsein
der Liebenden
anheimgegeben

4892
2.11.92
Ich erlebe, was wir sind
als Licht von
Himmels Gnaden

Mysterium der
Freude in der
Seelenharmonie

Bedeutungsvolle Zweiheit
im Lebendigen
der Lebenstage

4893
3.11.92
Von grosser Würde
sind wir was die
Geistigkeit betrifft

vor aller Zeit
ins Seelensein
geboren

und der Wirkkraft der
Begegnung inne die uns
durch das Leben führt

4894
4.11.92
Schon in des Tags Erheben
Bin Ich frei vom je Vergangenen
in Zeit und Räumlichkeiten

Frei vom Vitalgefühl
empfinde Ich nur Freude in
der Einheit Meiner selbst

Komm auf mein Schloss
mein Liebchen und erlab dich an
den Herrlichkeiten des Sich-recht-Verstehns

4895
6.11.92
Greif das Begreifen
aus dir heraus
Menschenblume

Im Wesen der Natur
liegt Sinnenfröhlichkeit
verborgen

Ich erfahre mich
indem ich
dich erfahre

4896
7.11.92
Morgendämmer des
Bewusstseins, im
Aeonenschritt gesehn

Allweisheit mit
Freude vermählt im
Seinsgesang

Licht-Erschaffen in
der Gemeinschaft
der Heilen

4897
9.11.92
Leise, leise will sich
Meine Dingsicht
deiner einverweben

Dem Wohllaut auferstandner
Klänge hingegeben
ziehen wir dahin

in Seligkeit vereint
der Stunde
zugetragen

4898
10.11.92
Ins Lot gesetzt von der Alleinheit
kühnem Bogen triffst du dich
in deiner eignen Mitte an

Unaufhaltsam strebt die
Seele in sich selbst dem
Wesen der Vollendung zu

Was wir zu zweit erringen
führt uns zur Einheit
himmelan

4899
11.11.92
Allwesen im Keime
Allseien in dir
Weisheit zu üben

Gehorsam den Wünschen
des Gotthaupts im Wirken
auf seliger Spur

aus der Zweiheit ins Eine
umfassende Leben
bewusstseinserfüllt

4900
12.11.92
Voll des Genügens
schwingen die Götter sich
ins Zeitäon

Seinslustig
treten sie zum
neuen Tage an

Von Hand- zu
Handwerk sich
die Hände reichend

4901
12.11.92
Seinssequenz
im morgenlichten
Schweigen

Anemonenreiz
eingehüllt
ins Augenblinzeln

wie ins betörende
Geflüster durch
den Liebesdraht

4902
14.11.92
Den Stern der Unbeschwertheit
haben wir besungen, die Zaubernacht
im Auferstehn und haben uns so
lieb umschlungen, wie Lüfte die
sich mild umwehn

Wir haben uns das Lebensglück erkoren
den Weihetag befeiernd, licht und klar
sind ihm wie Könige geboren,
wie Götter in Unendlichkeiten gar

Oh Sein, vom Liebesglück umwunden
oh jugendliche Seele in der Ruh
du hast im Ebenbild gefunden
was dich erhebt, Glückseligkeiten zu

4903
15.11.92
Im Gnadenreich der Hoffnung
blüht die Wunderrose
des Gestilltseins

Wie gemalt tritt unsrer
Sehnsucht Bild
im Aetherreich hervor

Zur Engelwesenschaft bestimmt
geleiten wir uns
sanfte durch die Zeiten

4904
16.11.92
Der Gepflogenheit gemäss
weih ich dir der Weisheit Gaben
Morgenlust verbreitend

Hingeneigt zur Erde und doch
meilenweit von ihr
entzünde ich die Freude im Revier

in das ich
meine Liebeseligkeit
gegossen

4905
17.11.92
Inmitten des Haders
eine Oase:
Mein Sein

Ich zerpflücke dich, Blume
dein Gewissen
nach dem Selbst zu fragen

Steig ins Traumboot,
Galathea, mit mir nach
Phantasia zu fahren

4906
18.11.92
Meine Weise wird die
deine sein in wundervollen
Freudgesängen

Behalte deines Herzens
Wandel friedefertig
im Besondernis der Zeit

aus dem du
mit mir ins Gestilltsein
eingegangen

4907
19.11.92
Was sind's wenn nicht die
Rosen die ich dir vergeb
du Hingegebene

Dem Klang der Stimme
lausche, wenn sie leise sich
erhebt

dein Sein voll
Sanftmut und Bewunderung
zu preisen

4908
21.11.92
Was bist du mir im Freudenquellen
gestillter Sehnsucht Wogenei,
was in der Inbrunst weichen Wellen
du feingestimmtes Nebenbei

Hoch wallt das Glück in Freudentagen
und liebedeutend ist, was wir uns tun
verströmend uns von Gnad zu Gnaden
im fabelhaften beieinander Ruhn

Oh du, von holder Lieblichkeit geschlagen
wie dank ich dir für was du bist
wie Dem der uns im Überragen
sovieler Wonnen Angedeiher ist

4909
23.11.92
Wandre, wandre lieber Strom
zu Meer und Ursprung
durch die Zeiten

Grossen Laufs Gediegenheit
erfasse wandelnd, wandelnd deinen Sinn,
voll Liebe vor dich hin

Bis ins Kleinste dich zu kennen
sei Mein wesendes
Geheimnis immerdar

4910
24.11.92
Eine Anemone
seh ich blühn
im Lebensfeld

ihrem Stern entgegen
voll Verlangen
freudeschön

derweil erstrahlt
in ihrer Augen Glanz
seiner Fülle Leuchten wunderbar

4911
Was du willst in deinen Gründen
Ich begründ es, schau dies wohl,
und lass dein Sein in Meines münden
erfahrend wie ich dich hinüberhol'.

Merk auf die Liebe die Ich dir verströme
dich rein umfangend in der Tat
in der Ich alles mit dem Sein versöhne
so wie es Mir gefallen hat

dich selbst zu sein in allen Zügen
in einem wunderbaren Wehn
und steten Ineinanderfügen
wie's deine, Meine, Geistesaugen sehn

4912
25.11.92
Dem Sang der Musen
zugewendet trifft sich
dein Ohr mit dem meinen

Du Holde, wie schätzen
wir das, was uns bildet
und innig vereint

vor den Toren des
Tempels die uns
ins Allewige führen

4913
26.11.92
Ich erheitere was dein ist
Meiner Heiterkeit
entgegen

Erfülle dich
in Meiner Fülle
ohne Zagen

Lass uns
von Hand zu Hand geführt
ins Lichtschloss gehn

4914
Eine Freudengabe für
die Träumerin am
Saum der Zeiten

Alleweil sind Schätze
noch zu heben aus der
Unbewusstheit Meer

Wie traut und lieblich
ist die Welt
im Beieinanderleben

4915
30.11.92
Was Ich dir biete ist
der Flügel des Vertrauens
in der Seele Schoss

Blick auf, es blinkt der
Sterne Saat in Meinen
Aberweiten

Dich zu hüllen in der
Heimat lichterloh
erhellten Saal

4916
1.12.92
Ich flippe aus
der Mannigfaltigkeit
dir zu gehören

Schöngestalt der Seele
wie verträumt du bist
im Lieben

Lass uns nach dem
Weihnachtsstern zur
Freude des Erwachens gehn

4917
Ich zeig dir,
dein Wesen umschützend,
den Stern

Wir wandern dorthin
wo die Quellen der Brunnen
ihr Loblied verströmen

Vom Bogen der Hoffnung
zum Guten Geführte
sind wir im Umfangen

4918
3.12.92
Womit ich dich zu schmücken
trachte, sind Gedankenkränzlein
liebevoll um's Haupt gelegt

Dem neuen Tag geweiht
gehn wir
dem Himmelslicht entgegen

Bewahr dich
dem Advent in deines
Inneseins Gewahren

4919
4.12.92
Sieh des Sterns,
Geschwisterlein,
so liebevolles Strahlen

Nun trag ich
alle Sanftmut in
dein hingegebnes Fühlen

Wärme, Licht und Frieden
sind Gefährten uns
im Fröhlichsein

4920
5.12.92
Sinnendinge, in die
Geistigkeit gelegt,
im Wandelbaren

Wesen reinen
Ursprungs sind wir
unberührt von Wirbeln

Liebeskraft und
Zärtlichkeit vermählen uns
zum Guten

4921
7.12.92
Im ahnenden Begreifen
was wir sind, erfüllt uns
jubelndes Begeistern

Die Wärme lieber Nähe
macht uns
herzensfroh

und führt uns
in die Harmonie
der Zukunftszeiten

4922
8.12.92
Ave, ave in Genügsamkeit
und Frieden tauch ich
deines Seins Gediegenheit

Mit dir zu wandern heisst
in Andacht in der
Heiligkeit des Seins zu weilen

Wie sind doch unsre Wege
in der Einheit reiner Liebes-
traulichkeit beglückend schön

4923
9.12.92
Eine Gabe der Weisheit
vor dem Morgenrot
mein Liebchen

Lächelnden Vereinens
lauschen wir der Stille
die uns rings umgibt

in der
schneeverhangnen
Weisse

4924
10.12.92
Wie lieblich sind
die Herzensströme anzuschaun
die uns innig vermählen

Furchtlos walle deinen
Weg, vor dir das Hoffnungsbild
der neuen, grossen Zeiten

Im Wandern sind wir
eins auf hoch
beglückendem Pfad

4925
Wie wenig und wie viel
ist uns gegeben im geheimnisvollen
Auferstehn

Die Wesen unsrer Sehnsucht
sind im Liebeslicht
verbunden

Sei, oh sei darin getröstet
mitten in der Tage
Soll

4926
15.12.92
Ist es rechtens,
dass du Licht siehst
sieh sein Glänzen

Heil der Augen, Heil der
Seele, Heiligkeit des Herzens
im Verstehn

In der Liebestrautheit
öffnet sich dem Sinn
das Paradies

4927
17.12.92
Behutsamkeit und Treue
sind des Herzens
köstlichstes Symbol

Halt ein und schwebe
mit mir durch den Raum
der Liebeszärtlichkeit

Wir führen uns in
Gärten wonnevollen
Spiels

Deine Gefühle
tanzen auf
meinen Fingern

4928
18.12.92
Wovon die Sterne singen
singt es unablässig
auch in dir

Du bist von
Himmelsharmonien
rings umflort

und findest sie in dem,
was ich dir wesenhaft
bedeute, wieder

4929
19.12.92
Weihung an die
Freudenspur des Lebens
Trikolore seinserfüllter
Harmonie im schwebenden
Sich-in-Holdseligkeit-Vereinen

Trautheit, an die Lieblichkeit
gelegt, in wohlbehütetem
Erfahren. Goldenes Gespür
in wacher Seinslust.

Wesensfeine, wohlgesetzt
ins Weltenspiel, das Zeitliche
mit Ewigkeiten zu versöhnen

4930
21.12.92
Einfall einer Schnuppe
Blitz im
liebenden Gemüt

Freudenwoge
tief empfunden
weil du Bist

jetzt und hier
zwischen zwei
Unendlichkeiten

4931
23.12.92
Im Hofraum des
Geschehns die Krippe
seh ich gluten

Voll Liebe
leg ich meine
Gaben hin

das Herzblut
mit dem Allsinn
zu versöhnen

4932
Dem grossen Dichter
Ehre zu erweisen
neigen wir
das Haupt

Auf ewig
glänzen
die Sterne

im Buch der
schönen Weisheit

Seiner Werke Blüten
weht der Wind
der Zeit
bezaubernd vor uns hin

4933
Der Geist der
Fruchtbarkeit sinnt
sinnend vor sich hin

dem Rätsel
des Daseins
auf der Spur

4934
26.12.92
Freudenvolle Einheit
in der Kleinkunst
zweier Menschenleben

Liebevolles
Strömen
reiner Harmonie

in der
Seelenflügel
zärtlichem Umfangen

4935
28.12.92
Weg das Altjahr
wie ein
abgenagter Knochen

Hurra, ein neues
steht uns
jugendfrisch bevor

Wir grüssen's und
es grüsst uns
tatenlustig, tralalaaa!

4936
30.12.92
Unter Palmen seh ich
uns spazieren
Glückseligkeit im Herz

Es lächeln uns die Winde
lächelt uns das Meer
im azurblauen Tage

Voll Zärtlichkeit
bewein ich deine Schöne
im Empfangen.

4937
31.12.92
Wir wandern und
wandern, der Weisheit
der Sterne gemäss

Licht vom Lichte
leuchten wir uns
liebvoll durch die Nacht

vor uns die Heiterkeit,
im Tal der Träume
eins geworden

Ein Jahr der Andacht vor dem höchsten Thron

4938

Ein Sternenjahr
von Sonnenglanz durchmessen
ein Jahr der Andacht
vor dem höchsten Thron

Des Schreitens Ebenmass
in neue Räume, das Vergessen
der Kleinlichkeit und
der Gebundenheit davon

Entwallt in neu
erschaffne Daseinsgrössen
Bin Ich Meines Mich-Entfaltens
leuchtendes Symbol

Und Bin Gottebenbildlichkeit
in offnen Schössen
dem Menschheitsstreben
zum ersehnten Wohl

4938
1.1.93
In deine Jungfernschaft,
erstandnes Jahr, zeug Ich
voll Kraft – Gelingen

Den Bogen der Gestirne
schauend lenk Ich
sie zum Guten

Aeonenläufe halt Ich
schwebeleicht in
makelloser Harmonie

4939
2.1.93
Wir ringen um
dasselbe Ziel
die Einheit zu erreichen

Gott von Gott
Licht vom Lichte
eines Wesens mit dem Vater

Harmonia Mundi
Harmonie der Seelen
wesensgleich im Sein

4940
3.1.93
Von Freude zu
Freude ins Leben
gestiegen

Mit allem
zum Tanze
vereint

im Fest
das wir
spielen

4941
4.1.93
Dem Wort entspringt
die Freude
freudevoll im Tönen

Hier gilt die
Formel 1 + 1 macht eins
im liebevollen Sich - Verstehn

Hol ein, hol über, gute Fee,
was in dir anklingt
diesen Tag zu preisen

4942
5.1.93
Fällst du in die Wehn
will Ich dir zeigen wie man
Geistigkeit gebiert

Mein Sapperlot, lass dich
vom Wahn des Offenbaren
niemals blenden

Ich stelle dir anheim,
die Früchte Meines Lebensbaums
beizeiten zu geniessen

4943
6.1.93
Ich bereite dir
ein Fest aus Heil
und Heilserfahren

Voll Lebensmut
bereitest du den Weg
zu Mir im Kommen

Sei selig ob der
Herzensandacht, die uns im
Zusammensein befällt

4944
Seligkeit des Himmels
lass Ich über
deinen Scheitel fahren

Liebevoller Weise
gleit Ich über
deine Seele hin

ihr Wesens
Losgelöstheit
zu verklären

4945.1
8.1.93
Lass Mich dir sagen
was Ich mit dir will in
deiner Lebensläufte Zahl

Du bist, Ich schaus,
ein Wandrer durch Aeonen
Meines liebelichten Strahls

Noch glaubst du dich
allein in deiner Nöte
Unausweichlichkeit geschlossen

Siehst dich als ein
Wesen deiner selbst in
Raumesweiten an

Dein Eigensinnen
hindert dich daran im
Seien dich zu fühlen

das Ich Bin
und zu erkennen, dass du
Mich Bist, hocherhaben

4945.2
Ich Bin Es
der in dir sich
an das Äussere vertut

Bin's der da
leidet, wenn du trauerst
im erlebten Weh

Doch leidet deine
Eigenwilligkeit Bin Ich's
der sie zum Guten wendet

du bist's, Ich Bin's
wir sind uns selber
unsres Schicksals Los

4945.3
So sage denn:
Ich will, indem Ich's sage,
sieh Meine Stärke in dir keimen

Getreu dem Ruf:
Es gibt nur eines Wollens Fügen:
das der Gottheit

Ich erkenn's und
kennend es in Mir
vermag Ich alles

4945.4
Seligkeit des
Schöpfens trag Ich
zu den Sternen

Allen Überlegens
sirrender Gedanke
Bin Ich

übergleite
jede Form mit
hochgefiedertem Gefühl

In Wesenstrautheit
ist Mein Sein dem
All-Sein untrennbar verbunden

4945.5
Sieh dich an
und sehe Mich
in deinen Zügen

Herzenszüge sollen's sein
und Züge
lieblichen Gedeihens

denn:
über allem
schwebt Mein Wohl

4945.6
Ich führe Mich
in jedem Wesen
zu Mir selbst

Erkenn's und sei
getröstet im
gelebten Wandel

Hier ist Meine
Heimkunft, jetzt
im Augenblick der Sage

Unverbrüchlich trag Ich
Helle, Heiterkeit und
Liebeskraft in Meinem
Meine-Gründe-Sehn

4946
9.1.93
Wesensnähe aus
Behutsamkeit und
zärtlichem Vergeben

Sinnenfreude
aus dem Quell
der Seinsnatur

Harmonie im
leisen
Ineinander-sich-Verweben

4947.1
Ein Jäcklein
für die Winterflockentage
odvoll

Strahlenbouquet,
durch die Aura geht's
ins Herz

Herzliebchen
verfängt sich
in den Maschen

4947.2
Kraule ich, so
kraule ich ein Haupt
und eine ganze Seele

Das Reisependel
schlägt weit aus und
drängelt sanft zurück

in die Heimat
wo das Häuschen wartet
auf das Vögelein

4948
10.1.93
Dem Morgenlicht entgegen
schwingt sich unser Seinsort
hoch erhaben

Weihung an
die Tatenfülle in der
Gottheit Schoss

Glanz der Sterne, Glanz
der Augen, liebevollen
Herzens Melodie

4949
11.1.93
Hand dem Handelnden
Herz dem Liebenden
Bin Ich in ewigen Treuen

Kein Abschied
Ein Umleuchten, das
die Seele dir verklärt

Eins im Wesen
eins im Liebelicht
vom Sein zum Seien auserwählt

4950
26.1.93
Ich hülle dich in
lautre Schönheit in des
Morgenrots Verstrahlen

Meiner Seele Weide
sei der Quell von
Tapferkeit und Edelmut

Dich im
bedeutungsvollen Tag
zu laben

4951
27.1.93
Heiterblütig gehn wir
durch des Winterhains
Verzaubern

Schneekristallergleissen
zeugt
Bewunderung

im eins
geword'nen
Menschenblütenpaar

4952
27.1.93
Wie bist du mir des
Morgenleuchtens Pfand
im schelm'schen Augenblinken

Eine Woge reinen Mitgefühls
strömt von der Seelengöttlichkeit
ins Menschsein nieder

Ahoi, es blinken dir
die Sterne ob des neuen
Tages krönendem Beginn

4953
28.1.93
Allweisheit
senke ihren Flügel
deinem Sinnen zu

Aus Urfernzeiten
Jetzige sind wir
bewusst ein Paar

der Zartheit reinen
Liebens federleicht
dahingegeben

4954
30.1.93
Dem Schwebeduft der
stillen Heiterkeit ergeben
wes ich in der morgenlichten Zeit

Vom Adel reiner Freude
ganz durchdrungen geb ich mich
dem Frühwind hin

und trage meines
Lächelns Unschuld in die
Gegenwart der Menschlichkeiten

4955
Wesensstille weitet uns
den Flügel
des Befindens

Allherrliche sind wir
im Licht
der Göttergnade

aller
Menschenzukunft
gleissendes Symbol

4956
1.2.93
Lebensfreundlichkeit
in vollen Zügen
durften wir erfahren

Wie die Sonne strahlt
dein Wesen in der
Wirklichkeit Gewähr

Liebelicht und Schweigen
lässt die Seele
friedvoll in sich ruhn

4957
2.2.93
Langmut, Sanftmut, Ebenmass
im Spiegelbild der Seele
sei dein Ziel

Hüterin der Stille,
sei dir selbst was du dir Bist
im Zeichen der Beglückung

Wir wandeln, inniglich
verwandt im Sein
uns selber zu

4958
3.2.93
Behutsam trag Ich
-dich behütend- was du Bist
zu Sternenhöhn

Ich gelob dir
Herzenstreue
für und für

zur Seligkeit Erkorene
im Wandel
unsrer Weiten

4959
5.2.93
Im Sternenreich
sind alle Wesenden
berückend schön

Wie in den Märchen
sind die Universendinge
liebestrahlend wahr

Wie schön
der Morgen klingt
im Herzumfangen

4960
6.2.93
Hoheitsvoller Ewigkeiten
schweigende Präsenz
im Glanz der Sterne

Wohlgemuter Sinnkraft
Steigen führt uns
himmelan

in nie
verebbendem
Vibrieren

4961
8.2.93
Hoheit dämmert
im bewussten
Seelensein

Es erfüllen sich
der Wahrheit
Zeiten

unsrer Sehnsucht
im erschütternden
Gebet

4962
9.2.93
In unsres Geisteskampfes
Stärketoben wallt die
Sicherheit dahin

Geduld und Kraft
vereinen sich zum
Sternensieg

Ich hab dich ins
Geborgensein des
Liebelichts erhoben

4963
Wachheit
überstrahlt das Seien
allerschütternd

Schweigende
Präsenz ereignet sich
in Mir

und überflutet
deine Wesensleichte
mit Vertrauen

4964
10.2.93
An jedem Orte wo
ICH BIN, BIN ICH
die Mitte des Alls

4965
10.2.93
Der Gabe der Beschaulichkeit
gemäss bereit Ich deiner
Seele Seinserfahren

In lächelnder Gelöstheit
lass Ich Meines Wesens Züge
in die Wirklichkeit entgleiten

Zum Paar verbunden trau Ich Mir
zutiefst beglückt
die Liebe zu

4966
Den der sich
erhebt, erheben
seine Geister

Im Lebensaugenblick
geschieht das
Unfassbare

Wir führen uns
im Sein
dem Sein entgegen

4967
14.2.93
Leuchte, Abendstern im
Nachtraum, der Geliebten
heim in ihre Träume

Ein zartes Band
seh ich von Seel
zu Seel geschlungen

die Herzen
singen eine
Liebesmelodie

4968
14.2.93
Ein Wort der Liebe
in dein Herz von
Höhen der Begeisterung

Gesang der Sterne
Andacht vor
Unendlichkeiten

Eins und alles
du
und du

4969
15.2.93
Der Frühling kommt, am frühen Morgen
verzwitschern mir's die Vögelein
mich ganz mit Freude zu versorgen
in meinem wohligen Daheim

So geht uns doch in dunklen Stunden
gar oft ein Lichtlein innig auf
und alle Not ist überwunden
in uns'res Lebens Wechsellauf

Der uns zum Niederen und Höhen
in rascher Folge führt hinzu
bis wir nach namenlosen Böen
im Herzen finden Glück und Ruh

4970
16.2.93
Ins Zeitliche geführt
dem Ewigen erblühend
sind wir

Du bist deiner
Würde Mass im
Seinserkennen

Ich trage Mich
in euch
den Sternen zu

4971
17.2.93
Meine Nächte dauern eine Ewigkeit
denn ich kann darin nicht schlafen
Gedankenschwere macht sich breit
mich zu quälen und zu strafen

Oh, ich fleh zum Himmel leise
in erschütterndem Gebet
mich zu lösen vom Geleise
das zu Kümmernissen geht

Manchmal deckt der Schlaf mir wieder
kurze Zeit die Sorgen zu
eine Träne fällt hernieder
Herr, wann find ich endlich Ruh

4972
17.2.93
Was die Liebe
sich ersinnt
ist wohlgetan

Zwei Schwebende
im sanften
Glühen der Gefühle

eins in allen Leibern
menschengöttlicher
Präsenz

4973
Himmelssehnsucht lass ich
meinem Herzensschrein
entfahren

Born der Weisheit
allbereit
im Schweben

Wo die Liebe mündet
find ich
meines Hoffens Ziel

4975
20.2.93
Präsenz und Schweigen
im Atem der
Glückseligkeit

Sinnende Gelöstheit
in der Sternwelt der
Atome, Sonnen, Galaxien

Dir zum Gruss
im Liebeskreis
Intimität zu wahren

4976
22.2.93
Seinsfroh und erhaben
im Bewusstsein
der Unendlichkeit

Im Menschenherz ein
Zeichen lichterloh in
liebevollen Gründen

Den Morgentau seh ich
in einem Augenpaar
zerfliessen

4977
In deiner Eigenart
bist du doch
Meiner Züge Wollen

Im Land der Grazie
der Benedeiten
eine die

vertrauensvoll
im Wesenslicht der Liebe
ruht

4978
24.2.93
Milch der Gutheit
geb ich dir zu trinken
Liebeslämmchen

Achtung! Hier ersteht
mein zärtlich langer
Blick in deine Augen

Leis bewegten
Seelenatems
tröst ich sie

4979
25.2.93
Stern der Sterne
liebevoll Erhobene
mein funkelndes Gespiel

Born der Zartheit
Alabasterschöne
Lächelns Harmonie

Herzumfangen
Traulichkeit und
wonnevoller Frieden

4980
Ins Wesen der Allherrlichkeit gegossen
sind wir
dem Begreifen nah

All-Liebe strömt
von Seel zu Seele
Du zu Du

An deinem Herzen
ruht, was sich der
Innigkeit ergeben

4981
28.2.93
Was hinter den
Verhüllungen der Welt
geschieht ist Unsagbares

Ein Denker
eine Fühlende
genügen

Überffülle des
Empfindens
zu entfalten

4982
1.3.93
Nahsein
in Herzlichkeit und
liebendem Begreifen

Wie klingen doch
die
unbeschwerten Tage

Liebelichte Freuden
tragen wir den
Göttern zu

4983
2.3.93
Liebevoll und heiter
schliess ich mich
dir an

Graziella der
schönen
Künste

Lass uns, unter Sternen
eins geworden,
miteinander fürbass gehn

4984
3.3.93
Die Zeit
im Wochenbett
sich selbst gebärend

Gott
im Zentrum
jedes Raumatoms

Du selbst, von aller
Nichtigkeit entblösst,
des Seins Gebärde

4985
4.3.93
Manufaktur
guter Gedanken im
Schnee

Heilsame
Heimkunft
ins Herz

Stimme des
Bedeutens in der
liebelichten Schwebe

4986
5.3.93
Flockenweichheit
leisen Schwebeflugs
im Sinken

Märchenspruch
für
Kinderaugen

im lieb
verschlungnen
Schweigen

4987
5.3.93
Aufbruch zu
welchen Ufern, wenn's
nicht Meine sind

Weiten, Weiten
herzfroh
Mir zu

Erntedank
in sanften
Liebesarmen

4988
Wohllaut
reinen
Herzbewegens

im
Bewusstsein
deiner Näh

von
Liebenswürdigkeit
getragen

4989
6.3.99
Verkündigung der
Freude in der
Seelenliturgie

Schwebeleichte
Zärtlichkeit im
Seinserfahren

Allegorie des Glücks
am Ort des
stillenden Verweilens

4990
8.3.93
Du reine Seele
in der Feinheit des Geschehns
vom Sein umflossen

Mysterium der
Wachheit in des Werdens
Harmonie

in Meiner
Liebesfülle
grossgezogen

4991
9.3.93
Beseligt schau ich
meines Fühlens
Harmonie

mit
allem
Seienden

zur
Einigkeit
verwoben

4992
9.3.93
Wie wohl ich zu dir stehe
spüre du im
Glückshauch der dich streift

Der Zartheit Liebesgabe
glättet deine Wangen mir
zu jugendlicher Schöne

Empfange mit mir
des Erlebens Harmonie
im Morgenfrieden

4993
9.3.93
Unmerklich
wandelt sich dein Sinn
zu Meinen Gunsten

Geliebte Meiner Künste
führ Ich dich
den Engeln vor

dich ihrem
Seinsgefühl
dahinzugeben

4994
10.3.93
Erlebe was du Bist
im Seinsgebet
vor allen Dingen

Gedankenstill im
Strom der Gottesweisheit
sei

derweil die
Rosen der Beseligung
erblühn

4995
11.3.93
Leise ziehn die
Sterne auf am Himmel
Ewigkeit zu läuten

Wir leben, von ihnen
zum Klingen gebracht, wie von
Köstlichkeiten der Tafel

Bilder namenlosen
Wohlklangs
schöpft der Himmel uns

ins
namenlose
Schweigen

4997
15.3.93
Jubelnde Glückseligkeit
entströmt der reinen
Harmonie

Bezauberte sind wir
vom Sein der
glockenreinen Tage

in denen wir uns
Wesensleichtigkeit
wie Perlenglanz vergeben

4998
16.3.93
Hoheit, Liebe,
Zärtlichkeit in
allen Dingen

ström ich
Deiner Wesensmitte
zu

in der Vereinung
dich ins
Seligsein zu wiegen

Der Liebe reiner Glockenton

17.3.93
Glanz und
Hoheit seh Ich
in dir schwingen

Erhebe dich aus den
Gebresten deines Schlafs
zum Gotteswohl

und lausch der Liebe
reinem Glockenton
in deiner Herzensmelodie

5000
18.3.93
Freudesingen am
Ufer der Nacht
zum Tage

Kindlich ist
der Seele
sinnendes Gebet

und eine Herzensgabe
strömt zu unsrer Liebe
grünen Weiden

5001
19.3.93
Berenikenhaar
von goldner Schöne
Liebesopfergabe

Herzens-
Wunden
überfliessen

in die
Zärtlichkeit
unendlichen Vergebens

5002
22.3.93
Wie die reine Unschuld
atmest du
in weichen Zügen

wenn ich dich
im Schlummerbettchen
seh

vom süssen
Morgenlicht
umfangen

5003
23.3.93
Gläubigkeit und
Streben fliessen
in die Tat

Im Weben der Natur klingt
Frühlingsstimmenscherzen
himmelan

Wie's muntre Bächlein
glitzert unsre Liebe in den
Sonnenwunderstrahlen

5004
23.3.93
Die Kraft, dir etwas vorzustellen
wandelt dich
zum Geistesmenschen

Das Verlassen deines
personalen Ich erzeugt in dir
das kosmische Gefühl

Im Erkennen deines
wahren Selbst ersteht
Gottmenschliches in dir

5005
24.3.93
Als Geschöpf der Gottesgunst
sollst du ihr
Sein erleben

Bewahre dich der
Heiterkeit auf deines
Wegs Befinden

Die Liebe weckt
der Anmut Reiz im
menschlichen Gehaben

5006
24.3.93
„Ich mache alles neu",
strömt uns das Frühlingslicht
entgegen

Zartheit und Milde
schweben in der Luft,
sich zu verschenken

Der Gang durch Feld und Wald
lässt uns zur Herzenseinigkeit
verschmelzen

5007
Lebend'ger Frische voll
berieselt uns
der Schnee

Der Äuglein Offenheit
gerät darob
ins Staunen

und verliert sich
in der Seligkeit der
Weltenharmonie

5008
28.3.93
Was in der Schöpfung sich enthüllt
ist -wie der zarte Mondenglanz-
nur Scheinen

Im Erkennen
wird uns
Allheit offenbar

In der Wesensgleiche
Bin Ich allen Wesen
Richt und Ziel

5009
Melodie aus
Seelensehnsucht und
Verlangen

Lichte
Schwebeleichtigkeit
in Traumgefilden

Vergebne
Liebeszärtlichkeit im
sanften Wiegen

5010
29.3.93
Die Macht des Heilsrufs
stürzt in unsrer Erde
aufgewühlten Plan

Erkennenskundige gewähren
Meiner Würde Einlass
im Begreifen

Die Tage deines
Herzensglücks sind dir
zum Greifen nah

5011
29.3.93
Im Raum der Nacht
Bin Ich in dir der
Sternendeuterei verschworen

Was du erschaust
sind aufgeblühte
Götterthrone

kraftverstrahlend
allweit
Bruderschaft zu zeugen

5012
29.3.93
Grosser Ruhe Friedlichkeit
verström Ich Meinem
Mich erfahren

Mit Mir selber
eins Bin Ich in
dieses Daseins Hülle

die sich
dem Selbsterkennen
aufgetan

5013
30.3.93
Nützlich Bin Ich nur
im Mass mit dem Ich
die Sache des Seins vertrete

Demnach soll Ich
bemüht sein, den Zustand
des Seins zu erlangen

Im Sein verwirklicht sich die
Nützlichkeit in Mir
ohne einer Erklärung zu bedürfen

5014
30.3.93
In siebenfachen
Werdens Zügen
trägst du dich hinan

Welt- und Gotteskind zugleich
Bist du des Seins
Verhüllen *und* Entbinden

Dir selber fremd
erweckst du dich zum
strahlenden Ent-Fremden

5015
31.3.93
Dem Traumlied folgt
die süsse Träumerei
in Liebesarmen

Wie angegossen seh Ich
-eins zum anderen
geschmiegt-

in wundersamem
Seligsein
verweilen

5016
2.4.93
Freudiges Erwarten
trägt das Seelensein
beschwingten Flugs hinan

Glanzvoll erhebt sich das
Geschaffene als
Schöpfungswunderwerk empor

der treu
besorgten Schar
zum hellen Jubel

5017
3.4.93
Das Ereignis des
Empfindens grossen Lebens
macht dich froh

In die Zeit gesät
bewirken die Gedanken
ewiges Erblühn

Alles ist
Gediegenheit des Seins
im Universenschreiten

5018
4.4.93
Wache Liebe,
einzig in der Welt in
wundervoller Harmonie

Des Gleichgefühls
gottselige Gabe
führt uns

in lichten
Augenblicken
federleicht hinan

5019
5.4.93
Voll Schönheit offenbart sich
was das Liebeslicht
in ihre Gründe sät

Taufrischen Lächelns
Ebenmass entlockt dem
Blick Entzücken

und verführt das
Herzblut zu tiefinniger
Beseligung

5020
5.4.93
Liebevoll beugt sich
der Herr zur Welt, die
Seelenkräfte zu beleben

Wie leises Singen
hören wir's
in unsern Nöten

und laben uns
am Freudenquell, der
uns darob erblüht

5021
6.4.93
Versöhnung flüstert uns
die Zeit ins Herz
im Seinsbewahren

In der Gebärde grossen Liebens
liegt das Glück des
Seelenauferstehns

Ins Osterlicht versunken
stehn wir im Kräftefeld von
Tugend, Mut und gläubigem Erahnen

5022
7.4.93
Glanz der Sonnen
Liebesglanz im
Herzumfangen

Glückseliges
Vereintsein in der
Seelenharmonie

Wir bewahren uns
voll Sanftmut in des Heils
beglückten Händen

5024
11.4.93
Auferstehn in
jeder Menschenzelle
ist Mein Ziel

Der Lichtflut der
Verklärung inne send Ich
Versöhnen in dein Weltental

Voll Liebe geb Ich
Mich dahin
die Herzen zu erheben

5026
12.4.93
Den Ruf der
Hoheit send Ich
in deinTal

Gewinne in Mir die
Bedeutsamkeit die
deiner Wesenschaft geziemt

Ich behüte
was du Bist im
Herzumfangen

5027
14.4.93
Wir sind Erwachende
in einem unermessnen
Werden

Von Ewigkeit Geführte
trauen wir uns
Freisein zu

Seinsgeschwister
eingehüllt in Lebensliebe
sind wir uns geworden

5028
15.4.93
Bund von Gottes Gnaden
mit dem Leben
dieser Zeit

Andacht vor der Fülle
die sich unserm Sinnen
offenbart

Wir berühren uns
in unsrer Seelenheimat
liebevoll und still

5029
16.4.93
Dem Veilchen gleich
nimm diese Gabe des Herzens
ans Herz

So traut sind die Tage
im trauten
Verkehr

Lass uns den Reigen
der Zärtlichkeit
tanzen

5030
17.4.93
Nun Bin Ich
hier und
schau euch an

wie
aus dem Pfauenrad
mit hundert Augen

derweil die Dielen sich verbiegen
unter dem Gelächter eurer
Missetaten

5031
17.4.93
Duft der stillen
Harmonie im
siamesischen Verweilen

Wesensweben der Natur
vor den Augen
der Sanftmut

Heilstrom der
Glückseligkeit im
Liebesschweigen

5032
18.4.93
Kunst des
Vereinens in der
Morgenharmonie

Melodie der Schönheit
wie das
Frühlingsknospenspriessen

Sang der Zweisamkeit
vor Gottes
strahlenvollem Thron

5033
18.4.93
Im Sog der grossen Welt
vermag der Einzelne sich nur in
seinem Engelwesen zu behaupten

Die linden Lüfte weisen uns
den Weg zur Blütenfreude
im bewegten Staunen

Lass uns
Seit' an Seite
Seligkeiten trinken

5034
19.4.93
Im Raum
bewegtes Herz der
Blütenzeit ergeben

Gelebte Anmut
in der Weichheit
seligem Empfinden

Auf den Spuren
unseres wahren Wesens wandeln wir
beglückt dahin

5036
20.4.93
Vom Stern zu dir gesagt
Ich Bin
erfülltes Götterleuchten

Warme Liebe flutet dir
vom Sonneraum
entgegen

Lebender Geschwister
Sinnkreis findet sich
zur Sternenharmonie

5037
21.4.93
Vom Schicksal an die Wand
gespielt der Tross, derweil du
Freisein inszenierst

Dem Lächeln ist
der Lächelnde verschworen
still und rein

Entwirre deiner Mühsal
Knäuel in die Einfalt
reiner Harmonie

5038
22.4.93
Lass uns in kindlichem
Vertrauen diesen Tag
beschreiten

Gelobe, deiner
Götterwürde treu zu sein
im täglichen Erwachen

Blick auf und freu dich
an der Einheit, die uns
zu Glückseligkeiten führt

5039
Im Sterngespann
ein Stäubchen
unser Weltsein

In der Menschenwesenheit
ein Kosmos
jedes Ich

Im Sein
die Einheit, die wir
in uns tragen

5040
24.4.93
Promotor
grandioser Werke
Seinsgewalt verkündend

Menschheitsheilkraft
ins Aeonenwirken
sich verströmend

Reines Liebeslächeln
in der Seele
sinnendem Verlies

5041
26.4.93
Der Gunst des Seins gemäss
vertrau ich auf die
Übermacht des Lebens

In der reinen Seele
widerspiegelt sich die
paradiesische Glückseligkeit

Geschenk des Himmels
sich im Herzensheiligtum
vollkommen zu verstehn.

5042
27.4.93
Vollkommne Wachheit ist uns im
Erkennen unseres Sonnenseins
gegeben

Leicht wird die Mühsal dieser Welt
im Seinslicht
hoch erhaben

Wir stehn im
Wunder der Erlösung
kinderglaubenrein

5043
28.4.93
Du bewegst dich
mutvoll
zu den Höhen

Dass du seiest
will Ich,
aetherlicht in Mir

dem
Himmelsglanz
dahingegeben

5044
29.4.93
In Einigkeit verschlungen
wandelt sich die Menschenwelt
zum Paradies

Wir tragen unser Sein
gemeinsam auf Vertrauenshänden
zum Altar

O sei nicht bang
wir sind in unsres Engels Wesen
liebevoll und fein behütet

5045
29.4.93
Ebenmass im Wandel der Gefühle
schenk ich dir aus
meinen Heiterkeiten

Des Liebelichts Erscheinen
strömt sich gütevoll in
deines Herzens Beuge

Wohlan, die Tage deiner
Hoffnung sind gezählt
dem Glück zu eigen

5046
30.4.93
Ruhige Weisheit
lass ich walten über allen
Sinnenwogens Spiel

Reine Liebe
lässt die Blüten
sich entfalten

und bewundert
aller Schöpfungskräfte
wundervolles Ziel

5047
1.5.93
ICH trage was du trägst
in Meinem
Dich-Umrunden

Der leisen Stimme der
Unendlichkeit gewahr
wirst du dir werden

Einssein im Erkennen
rettet dich aus
der Gefährdung Schoss

5048
1.5.93
Ich singe den
Liebesgesang in den
Morgenweihchören

Aus Unbekannt tret Ich
ins Licht des blütenreinen
Duftverstrahlens

Meiner Innheit Magma
strömt sich in die Seligkeit
der Schöpfungsharmonie

5049
Herzenseinheit im
Erschliessen reiner Liebe
vor Elysiums Toren

Wesenstreue im
gesetzten Wankelmut
der Zeit

An das Sein vergebenes
Enthüllen reiner Grösse
im Begreifen

5050
3.5.93
Bejahend schreit ich
durch das Tor des Lebens
meinem Seien zu

Ich empfinde was ich bin
in Seinslust und
beglückendem Bewahren

Der Stille sind wir eingeboren
in des Herzvermählens
liebelichtem Ton

5051
6.5.93
Ich bewahre dich
im Sein, hoch über
deinen Nöten

Du bist von
Wesensperlenglanz
umflossen

Die Liebe trägt uns
heim ins Allerheiligste
Erröten

5052
7.5.93
In diesem Zeitmoment
gewähr Ich dir den Blick
ins Gegenwärtig-Sein

Was du erkennst
ist Mein Erkennen
in den Seelentiefen

Gewähre mir das Glück,
in deiner Ebenbürtigkeit
zu ruhn

5053
8.5.93
Weih dich dem Sein in
deiner Nötezahl
Geklimper

Herzzentrum sei
von dem die Ströme wesenhafter
Liebe ins Besinnen fahren

Erzähl mir
von der Sehnsucht
süsser Litanei

5054
8.5.93
Wesenskraft
verleih Ich deinem
Streben

Von Mir geführt bewegst du dich
im Feld der Sicherheit
durch Nacht und Grauen

Die Liebe
wandelt alles ins
herzinnige Verstehn

5055
9.5.93
Friedevoll und heiter
wandl' ich durch die
seinsgewissen Tage

Des Lebens Gegensätzlichkeit
hält sich im Allversöhnen
in der wundervollsten Schwebe

Du findest Ruhe, Herz
im liebevollen Lauschen
selig vor dich hin

5056
10.5.93
Das Lächeln der Sybille
schwingt sich meiner Seele
federleicht entgegen

Wesen reiner Anmut
in der
morgenlichten Zeit

Aufschwung in die
stillen Höhen des Beschauens
sinnverwoben

5057
11.5.93
Allgemach, mein Herz,
wirst du den Freudenreichtum
des Beschauens finden

Die Seele schwebt
auf spiegelglatter See
im Lichtstrom des Erkennens

Du bist ins Fluidum des
Friedens eingetaucht
der Göttlichkeit anheimgegeben

5058
17.5.93
Errate wer du Bist
in deines
Seelenwallens Gründen

Weih dich dem Frieden
im Umfangen
meines Herzgefühls

Verlobte
sind wir
ewigen Erblühns

5059
18.5.93
Von grosser Würde ist
was wir in Liebe zu
vollbringen suchen

Die Seelenflammen
lass Ich lodern
Meiner Einheit zu

Zwei in Mein Selbst
Verschmolzene erheben sich
galant aus ihren Nöten

5061
18.5.93
Alle Herrlichkeit
im Funkeln eines
Augensternenpaars

Was wir sind
entblüht der Weisheit
höherer Gewalten

Welten formend
formen wir uns selbst
dem Seinsgefühl entgegen

So klein wir sind
so gross sind wir in seines
Hauchs erhabenem Verwehn

5063
21.5.93
Wie schön der Tag
und was er bringt ist
zärtliches Verschenken

Des Lächelns Liebenswürdigkeit
begegnet mir in
deinen Zügen

Komm, komm,
wir wollen miteinander
in die Zukunft schreiten

5064
22.5.93
Mensch
-ins Wesen der All-Liebe
Eingebettet- Bist du

Leiblichkeit im
Sternenblinken
wesenskrafterfüllt

Gütewallen
des bewegten Herzens
in der Liebeswahl

5065
23.5.93
Vom Hier zum Dort
ein Augenblick
des wallenden Gefühls

Der Pflanze gleich
erhebe dich zum Licht
des reinen Seiens

Von Meer zu Meer der
Sternenwelten strömt
Geschwisterschaft im Einen

5066
24.5.93
Alles Grosse ist
seit je dem
Edelmut entsprungen

Wir fahren auf
dem Ozean der Zeit
durch Millionen

Die Schale unsres Bootes
wird vom Sein
zur Ewigkeit getragen

5067
25.5.93
Schweigenden Besinnens
strebe deinem
Wesenskern entgegen

Kraftvoll und heiter sei
dein fühlendes Gebet
zum Allerhöchsten

Wir gehn den Pfad der
Läuterung gemeinsam
seinserkoren

5068
26.5.93
Ich grüss dich
in des
Benedeiens Wohl

Erlange durch die
Kraft des Dienens
deines Seins Gewähr

Im Einssein
fliegen wir durch
Tal und Höhen

5069
26.5.93
Leisen Flutens strömt uns
Gottes Herrlichkeit
entgegen

Liebevoll und heiter
sind wir,
seinserhoben

Deines Segens eingedenk
erwählen wir
den Sieg

5070
27.5.93
Aus der Tiefe rufe ich
zu Dir um Rettung, Herr,
in kindlichem Vertrauen

In Deines Geistes Meer
gesenkt umströmst Du,
was ich bin, voll Güte

Ich bin getröstet, wo ich
weile, weil mich Dein
Strahl erfüllt, des Seins

5071
27.5.93
Dem Kommenden geweiht
ist alles Werden
seinsbezogen

Wie strömen doch
die Lebensquellen
dem Gedeihen zu

Voll Ahnung tret ich
mit der Gottheit
ins Vertrauen

5072
Auroras liebliches Erröten
schenk ich dir
im Tauen

Leise, leise führt uns
unser Einssein
neuen Höhen zu

dem Lächeln
der Holdseligkeit
ergeben

5073
28.5.93
Schönes Wesen
treues Wesen reiner Liebe
bringt sich dar

Edelmut und Milde
will ich auf dem
Bogen deiner Züge sehn

Lass uns in Sanftmut
beieinander vor der
Schöpfung knien

5074
29.5.93
Aufwind im Seelensegel
über
Blütenteppichpracht

Im Sonnesein der Zeit
ein Glück von
paradiesischer Leichte

Sinnenklarheit im
ergreifenden
Beschauen der Natur

5075
31.5.93
Weises Miteinandergehn
trägt weit in
Meine Fernen

Schalmei der
Süsse
deinem Herzen zu

Ein Strauss
von
zärtlichem Verlangen

5076
1.6.93
Gleichmut
Fülle und
Gehorsam

Silberne
Bereitschaft
Anmut zu empfangen

Trilogie des
Freudenjubels
im herzinnigen Erfahren

5077
2.6.93
Herabkunft der
Versöhnlichkeit in
Liebesarmen

Gediegne Trautheit
wo ich dich
umfang

in mütterlicher
Zärtlichkeit im
Morgensingen

5078
3.6.93
Den Weg der Liebe
öffnend ström Ich
Heilung in die Welt

Mit Sonnenstrahlen-
zärtlichkeit berühr ich
deine Wunden

und begabe dich
mit Licht
und warmem Wohl

5079
4.6.93
Der Rosenliebeslust
geweiht empfang ich
Freud um Freuden

Gesegnete des Weltenstroms
erlaben wir uns an den
Früchten des Vereinens

Wie schön die Harfe klingt
wenn sie, gestimmt, in
Seelenliedern schwebt

5080
5.6.93
Verwandelte der Liebe
ehren sich im
freudigen Ertragen

Der Unbedingtheit Wesen
überleuchtet alle unsre Wege
himmelan

Wie sind wir doch
in unsrer Traulichkeit
dem Sein ergeben

5081
5.6.93
Guten Abend schöne
Müllerin
Speck hat's und Bohnen
im Gänterlein und
weiche Kissen auf
den Bohlen.

Man mache sich's bequem
bei Wort und feinen
Tönen und erwarte
selig wartend
das Verwöhnen

5082
7.6.93
Ich verleihe allen
Dingen Eintracht
des Begreifens

Durch die
Schöpfungsfülle flutet
Meiner Weise Melodie

Der Morgen des Jahrtausends
hebt dich leise aus dem
Orkus in die Azurwelt empor

Wo die Sterne sich kreuzen

5083
7.6.93
Denn nur die Wesensstille
bringt uns
wahres Schreiten

Dem Wind vermählt
hebt sich der Aar
mit Leichtigkeit hinan

Im Schauen hab ich
mich der
Sonnenwesenheit vermählt

5084
8.6.93
Dem Glanz des
Liebelichts ergeben schreiten wir
zum hellen Tor

Dort klingt uns schon
der Amselschlag wie
Paradiesesduft entgegen

Im Lichtverstrahlen
öffnen wir die Kelche unsres Seins
dem göttlichen Azur

5085
8.6.93
Schönheit
 Wahrheit
  Liebe
   Freude
    Freiheit
     Vollkommenheit
      Im Dienen

5086
8.6.93
Allseins Kräfte
grüssen deine im
bewussten Strahlen

Unendlichkeiten sind
in deinen
Schoss gelegt

sich in die
Schönheit
zu entfalten

5087
8.6.93
Morgenstille
in der Wonne der Zeit
aufgehoben im Sein
der wiederkehrenden Stunden

Lächelnde Heiterkeit
vor dem Seelenaltar
wo die Sterne sich kreuzen

Unschuld des Dienens
Gottheitsgemurmel
im Brunnen des Staunens

Von Zartheit umflogen
das Herz im Beschauen
der lieblichen Seele

Von Düften berauscht
des Erinnerns an
grosse, römische Tage

5088
10.6.93
Morgen des Erinnerns
Morgen des Beginns
im Strahlenreigen

Grossen Willens Einsprung
ins Geschehn der
Weltentage

An die Zärtlichkeit
vergebnes
Menschentaubenpaar

5089
10.6.93
Aus der Zwiesprach
unter Sternen
ging ein Liebespaar hervor

zur selben Bahn
vereint im
Lebensweltenwandel

allbehütet
eingehüllt in lichte
Engelschwingen

Im Jahr der Zukunft
richtet es sein Streben
neuer Blütenfülle zu

im Lächeln der
Holdseligkeit wird es
sein Einigsein vollenden

5090
11.6.93
Lichtgebet
im liebenden
Verströmen

Dramaturgie
des
neuen Tags

im
freudevollen
An-die-Werke-Gehn

5091
12.6.93
Gleich den Knospen
blühen Seelen auf
im Seinsgebet

Der Melodie der
Lebensharmonie ergeben
lauschen wir

dem Wohlklang
der
gestimmten Geigen

5092
12.6.93
Hehren Schicksals
Fordernisse sind
zu füllen

Kein Versäumnis
Wachheit,
mutvolles Wagen

Güte
liebevolles
Sich-Verstehn

5093
16.6.93
Aufschwung ins
Seinslicht
strahlenden Vollendens

Glückseligkeit in
allen Fibern des
Bewusstseins

Zärtlichkeit in
deiner
liebevollen Näh

5094
17.6.93
Gefäss der Andacht
vor dem
lieberfüllten Morgenstrahl

Feier des Umfangens
in der Heiterkeit
der Einung

Lachendes Gespür
der Seelenfreiheit
im Allhier

5095
19.6.93
Der Weltenfreude Lächeln
liegt auf
Wald und Fluren

Wir führen uns der
neuen Schöpfungszeit
entgegen

Des Herzens Heil
erfährt sich in des Seins
holdseligem Genügen

5096
20.6.93
Schöpfungsglanz
im
Morgenschweigen

Glut der Sonne
in des
Sommerwinds Verwehn

Abendweih
im Fühlraum
der Verklärung

5097
20.6.93
Wachsamkeit
vor
allen Dingen

Glut der Liebe
im gerechten Tun

Auf du und du
mit uns
im Lebensquellen

5098
21.6.93
Stimmungsbild
im
Wogenfeld der Ären

Lächelndes Genugsein
Im Strahlenlichte
der Natur

Glückseligkeit
von Herz- zu
Herzensschrein gezogen

5099
22.6.93
Ich Bin der Ton
im hingetanzten
Fingerbeerenspiel

die Zartheit
des
Dem-Strahlenden-Begegnen

voll Liebe
Weichheit und
Bewegen

5100
23.6.93
Liebelichtes Schweigen
im
Morgendämmerwehn

An die
Sanftmut
Hingegebene

im
Zeitmass der
Beseligung

5101
24.6.93
Erhabenes
Im-Sein-
Verweilen

Trunkne
Schönheit
des Gefühls

vollkommner Einheit
im
beglückenden Gewahren

5102
25.6.93
Harmonie
im schönen
Liebeskreis

Der
Zärtlichkeiten
lachende Flut

ins
Freudenlicht
Gezogen

5103
26.6.93
Strahlenschönheit
in des Inneseins
Erahnen

Wesensdichte
im bewussten
Aetherräume-Sehn

Allweites
Liebestrom-
Erfahren

5104
28.6.93
Herzensweihe
an den
Lebenstag

Langgedehnter
Freudenton herzinnig
ausgesungen

Zärtlichen Vereinens
Sehnsucht
himmelan

5105
28.6.93
Liebe und Geduld
zwei Himmelssterne
uns zu Gnaden

Versunkene ins Meer der Ewigkeit
erleben wir Bewusstheit
grenzenlos

Die Gottheit hat
Allfreundlichkeit
in unser Herz getragen

5106
29.6.93
Herzensbildung
in der
Freiheit des Gemüts

Allweisheit wo die
Sterne ins
Bewusstsein blinken

Befriedung in der
Lauterkeit der
reinen Harmonie

5108
30.6.93
Edelmütige Liebe
leuchtet
durch den Tag

In eins verschlungen
sind wir
wesenhaft vereint

In dieser Fülle
ist das Herz dem
Lächeln zugetan

5109
1.7.93
Dem Ewigen ergeben
gleiten wir im Leben
unbewusst dahin

Seinsfunken
versprühen sich
blitzend im Gemüt

Im Jubel der Verheissung
brechen wir aus
unserm selbstgeschaffnen Los

5110
2.7.93
Aller Schuppen bar
im
Sein

In eine
neue Welt
gestiegen

wo
reine Seligkeiten
blühn

5111
2.7.93
Welche Lust
im Zustand weihevoller Wachheit
zu verweilen

Seinsatem
grossen
Lächelns

im
wonnevollen
Spiel

5112
2.7.93
Wesen
reiner Klugheit wo
die Sterne glänzen

Heimfall
ins Bewusstsein
Meiner Einheit

mit der
Allwelt
seinsbezogen

5113
2.7.93
Das
Bin Ich
in seligem Erfahren

Mein Sein
erkennend
unvermittelbar

in
schönen Lächelns
Weisheitszügen

5114
Lächelnde Anmut
wo Ich in die
Tiefen rage

Trunkenheit des Seins
in reiner
Alchimie

vor Mein
Gedankenbilderbuch
getragen

5115
2.7.93
Ins Lot gesetzter Sinn
vor
Gottes Gnaden

Vokabular
des
fliessenden Elans

die
Lebenskünste
zu erschliessen

5116
2.7.93
Trilogie
der
Wohlgestimmtheit

Willkraft
Wachheit und
Behagen

wo sich die
Kräfte formen zum
gelassnen Spiel

5117
2.7.93
Des Schmollens Ende
vor der Lust
zu fabulieren

Gebannte
Wetterwendigkeit
im Ziel

das Schiffsgut
kunstvoll durch den
Wellenschlag zu führen

5118
2.7.93
Dahingetragnes Schweben
flügelleicht
im blitzenden Azur

Lüftefroh
in elegantem
Mich Verkreisen

dem Planetenrund
entwallt im
Bildgestalten

5119
2.7.93
Allegorie
der Freude
seinsbezogen

Tonkunst
reinen
Hochgesangs

in lichten
Alabasterräumen

5120
2.7.93
Medium der Einheit
in
erwählten Gründen

Fraternität
in
aller Form

gelassenen
Verströmens

5121
2.7.93
Stillesein
im
Sternraum

duftendes
Verwehn

ins
Windspiel
der Befreiten

5122
2.7.93
Der Tag entrollt sich
in die Ewigkeit
der Zeiten

Vor mir
der Augenblick
bewussten Tuns

ins Lächeln
meiner Seligkeit
geschrieben

5123
3.7.93
Wen der Flügel streift
des Seinserlebens
ist befreit

Du bist Mein Herz
und Meiner
Zärtlichkeit Umfangen

In unsrer Welt
sind alle Dinge
liebevoll und schön

5124
4.7.93
Nektar der
Gedankenfülle
dich zu laben

Feierlich
gesendetes Signal
im Wachen

In dein Herz
gelegter Rosenblüten
Siebenzahl

5125
4.7.93
Sonnentag der
guten Gaben
allempfangen

Zug zur
Wachsamkeit am
vollbewussten Tor

Grazie der
Lieblichkeit im
Herzumfangen

5126
6.7.93
Seliges Empfinden
unsrer
Seelenharmonie

Alabasterreines Herz
im Klang
der Sinnkraft

Göttergleiche
im
erkennenden Verstehn

5127
7.7.93
Bund der
Sagenhaftigkeit
im Keimen

Blühendes Vertrauen
in die
Werdelust der Zeit

An die Lieblichkeit
vergebene Gebärde
des Begreifens

5128
8.7.93
Rosenkult
der Knospen
des Gefühls

Labsal des
entzückenden
Vereinens

in der
benedeiten
Morgenfrüh

5129
9.7.93
Von
frohen
Ahnungen

bewegt

enthülle ich
den
Harfensaitenklang

5130
9.7.93
Genealogie der
schönen Künste
seinsgeboren

Wirkkraft
der Gedanken
im Erblühn

an die
Zärtlichkeit
verloren

5131
9.7.93
Ich zeichne dir
das Siegel der Geduld
auf Brust und Wangen

und
umhülle dich
mit Sternengüte

deines Wesens
Lieblichkeit
zum Licht zu führen

5132
9.7.93
Gesetz der Treue
im Vollzug
der Lebenstaten

Dualität in
der ich meine
Wesenskraft versteh

Auf meinem Weg
kein Yota
von Bedauern

5133
10.7.93
Behutsamkeit in
fein gefächerter
Gravur

Freudenzeit im
seelenvollen
Weilen

Geistesabenteuer
in der Seinsgestimmtheit
wunderbar

5134
10.7.93
Deinem Wesen
weih ich
Lebenskraft und Ruh

Ins Sein gesetzt
bist du der
Hüter deiner Taten

Du trägst in deiner
Innigkeit ein
stolzes Weh

5135
11.7.93
Königslächeln
im bewussten
Schweigen

Meisterliches
In-mir-selbst-
Beruhn

der ewigen
Heiterkeit
anheimgegeben

5136
12.7.93
In Liebe gebettet
von Sanftmut gestählt
in Romeos Armen

Lächeln in Not
Geduld und Erbarmen
wir sind uns so nah

Verstehen und lassen
mit heiterem Herzen
der Lichtfülle zu

5137
12.7.93
Traue
der Zukunft
deines Herzens

Heilige
was du bist
im geduldigen Streben

Liebe die Weisheit
in deines Wesens
unendlichen Gründen

5138
13.7.93
Melodie der Trautheit
in der Herzwelt
unseres Sehnens

Sinnendes Geflüster
liebevoller Worte
vor mich hin

einer
Oleanderblüte
zu gefallen

5139
14.7.93
Geliebte im Sein
vor den Toren
der Freude

Anemone der
Reinheit in meinem
Betrachten

Rosenlicht
strahlt uns im
seligen Weilen

5140
15.7.93
Akt der
Trautheit im
Berühren

Seelenheiterkeit
in der ich
dich beseh

reine Liebe
zu
geniessen

5141
16.7.93
Liebe, Sanftmut,
Friede, Geduld
in deinem Streben

All-Einheit
hält dich
immerdar

im
Seelensein
liebreich umfangen

5142
17.7.93
Inkarnation ins
Wohlgefühl
verspielter Tage

Ins Seligsein
Erhobene im
wonnevollen Weilen

Der Trautheit Lächeln
grüsst sich in den Augen
des beglückten Paars

5144
25.7.93
Vertrauensvoll
und heiter in
die neue Zeit

im Strom der
Liebe sanft
dahingetragen

wo Glückseligkeit
dem Einssein
innewohnt

5145
26.7.93
Wie sind wir doch
der Wanderschaft verschrieben
ohne Rast und Ruh

es sei denn
dass in Herzgrundtiefen
eine stille See

von Wesenssicherheit
das Lächeln reiner
Seligkeit verströmt

5146
26.7.93
Des Herzens Dankbarkeit
entströmt dem Wesen
warm und rein

Wie schön sind doch
die Zeiten
feingestimmter Harmonie

in denen alle Lieblichkeit
der Welt erblüht
im Fühlen

5147
28.7.93
In Wesensstille
tret Ich vor den
himmlischen Altar

Den Faden der
Bewusstheit spinn ich
offenbar

die Wunderkraft
des Seins
zu fühlen

5148
28.7.93
Schalmei der
Gottesfreundschaft
allbezogen

Ruhen in den
Wesenskräften
frei vom Zeitenlos

Befriedung senkt sich
aus dem Herzstrom
in die Weltentiefen

5149
28.7.93
Ohnmacht des Daseins
Überlegenheit des
Seins

Willfahrt
ins
Allherrliche

im Glutstrom
reiner
Majestät

5150
28.7.93
In der Gottesstille
weben wir Gedanken
hell und klar

Mont'Agra strahlendes
Symbol der Weltenliebe
herzensfroh

ein Heiligtum der
Freundschaft im
verständigen Begegnen

5151
29.7.93
Ausgeflippt und
ausgezogen, Neuwelt
zu verstehn

Dem Leitstrom des
Wohin ergeben, eilst du
in die Zeit

und findest
der Natürlichkeit
urewiges Gedeihen.

5152
30.7.93
Gen Osten blick
des reinen Lichts Willkomm
zu feiern

Der Schwingung der
Natur gemäss erhebt sich
Freude im Gemüt

und lässt Erkenntnis
deiner Wesenseinheit
spriessen

In des Seins Erbarmen

.

5153
1.8.93
Ein Tännlein
liebevoll ins neue
Erdenreich getragen

grünet stille
jahrlang
vor sich hin

seines Wesens
Wunder zu
erfüllen

5154
2.8.93
Im Lieb- und Gutsein
tragen sich die Gotteskinder
durch die Zeit

Die Ehrfurcht im
Begegnen ebnet uns
den Weg

In des Seins Erbarmen
eingesenkt ist
unser Wesen

5155
3.8.93
Wesenhafte Liebe
strömt aus meinem Herzen
deinem zu

Wir haben uns
dem Bund der Zärtlichkeit
verschrieben

Einheit strahlt
ins Strahlen unserer
Augensterne

5156
5.8.93
Hoheit zu erringen
stell dich
vor Mich hin

Wir sollen
unser Sein im
Liebelicht gewahren

Wie edel ist's
in allem
Freundlichkeit zu sehn

5157
6.8.93
Von Götterherrlichkeit
umfangen seh ich dich in
Meinem Schoss

Bund der Liebe
Ausbund
reiner Fantasie

der Herzens-
seligkeit
entflossen

5158
7.8.93
In Seinskraft erstarken
in Liebe verstehn
in Freude entsagen

Den Bogen der
Unendlichkeit hab ich
um dich geschlossen

Wahrhaftig ist die
Lieblichkeit der Sterne
dein erstrebenswertes Ziel

5159
8.8.93
Wohlgemute
Harmonie
in Wesensgleiche

Liebesglück
voll zarter
Poesie

Seinsgestimmtheit
in der Lichtkraft
des Erkennens

5160
10.8.93
Aus Liebeskraft
erwächst Verstehen in
den Seelenräumen

Das Ganze ist allein
dem Seinsblick
offenbar

Wir sind von
Sterngüte
rings umfangen

5161
10.8.93
Equilibrium des
Meinens auf der
Herzenswaage

In Schönheit wird sich
alle Lebenskunst
vollenden

Des Südens Sterne
überstehn uns
wunderbar

5162
10.8.93
Ich habe meine Argumente
du hast deine Argumente

was ergibt sich, wenn wir beide
zusammentun?

5163
11.8.93
Eingeborne Liebesflamme
in den
Zärtlichen

Reinheit
der Gefühle
sonnenklar

in den
Wesensraum
Gelegt

5164
12.8.93
Taufrisch die Äuglein
wenn die Hähne
Tagwach krähn

Vielleicht ein Fetzchen
noch von einem
Träumchen

Das Herz bei Romeo
bald wird's zum
Jubel auferstehn

5165
17.8.93
Nachklang
wundervoller Tage
herzensfroh

Bund der Zärtlichkeit
im
Weltgewahren

Sinnkreis
liebevoller
Harmonie

5166
18.8.93
In breitem Strömen fliesst
der Zeitenlauf dahin
uns zu bewegen

Wir harren der Güte
weitab vom
himmlischen Saal

und sind doch
von Seinem Lichte
umfangen

5167
19.8.93
Geliebte im
Strahl göttlicher
Sonnkraft

Gesegnet
im Zeichen
der Kreuze

Sei du
was Ich Bin
in den Höhen

5168
21.8.93
Liebkätzchens Herz
in
warmen Händen

Bienchensummen
eine
süsse Melodie

Der Lebensliebe
Früchte
spriessen

5169
22.8.93
Herzvereinen
in der lauen
Sommerszeit

Melodie der
Sehnsucht des
Gefühls

liebevollen
sich
Vergebens

5170
22.8.93
Im Lichte der Beschauung
trag Ich dir lauter
Weisheit vor

Geliebte dieser Welt
wie trag Ich euch in
Mein Bewusstsein

Es ist das Eure
wenn Ihr lauschend
vor Mir steht

5171
23.8.93
Ich vergeb dir
was ich bin
im Liebeswerben

Entzünde
deine Seelenkraft
mir zu

und sei
was ich dir bin
im Einen

5172
24.8.93
Mit Mut
gesegnet sei
was du beginnst

Des Lebens
Zucht
bereitet dich

dem höchsten
Anspruch
zu genügen

5176
29.8.93
Ein freundlich Wort
eine Geste
den Tag zu beglücken

Heimatland im
Herzen des Geliebten
welche Ruh

ein Lächeln
für die Schöne
maienklar

5177
29.8.93
Heiterkeit des Himmels
lass Ich in
dein Herzblut fahren

Sing Halleluja
wenn du vor
Meinem Throne weilst

die Güte der
Allherrlichkeit
zu spüren

5178
30.8.93
Des Lebens
Neubeginn im
Höhwärtsschreiten

Mut und Kraft
verströmen sich von
Meiner Seinspräsenz

in alles was Ich
in der Welt
vollbringe

5179
31.8.93
Deinem Wachsein
hat sich meine Liebe
zugedacht

Reise mit mir
durch das Land
der Sterne

und bewege dich
mit mir
im Herzenswohl

5180
1.9.93
Deinen Hang
zur Freude
sollst du pflegen

Wissentlich
dein Lebenswerk
verstehn

im
seinserfüllten
Schauen

5181
2.10.93
Seligkeit des
Einsseins in der
Häuschenharmonie

Wesensgrösse im
Entfalten des
Erkennens

Netzwerk der
Gefühle liebevoll
gepflegt

5182
12.10.93
Im Glück
zu leben
schreiten wir dahin

Der Weisheit
grosser Wesen
eingefügt sind wir

erfüllend
ihr
Vertrauen

5183
13.10.93
Grosse Liebe strömt Dir
aus meiner Innigkeit
entgegen

Spiel mir ein Liedchen
von getragenen
Heiterkeiten vor

Wie schön sind doch
die Wartestunden
hin und her

5184
16.10.93
Im Kranz der Himmelsgaben
eine:
dieser Tag

Die Erde öffnet sich
der Sonne
ganz - wie wir

Glückseligkeit des
Herzens
welche Gnade

5185
23.10.93
Sternenstille
Freudenflut
am Schnee

Seelenwanderung
durch Wald
und Fluren

Leis bewegte
Sehnsucht nach
dem Wir

5186
31.10.93
Das Bewusstsein deiner
Göttlichkeit entledigt dich
von aller Schwere

Sieh den Sonnenstrahl
sieh die Liebe
dich durchfluten

Wir finden unsern Pfad
ins Reich der
Seligkeiten

5187
5.11.93
Von Kopf bis
Fuss auf Freude
eingestellt

Barmherzigkeit
und Frieden
eine Herzensmelodie

Wenn du lächelst
lächelt eine Welt
in dir

5188
16.11.93
Heiter sind die Wege
der Heilen und
voll Poesie

Dem Rad der Zeit
entwunden sind sie
ewig

Lächelnde
in
Gottes Strahl

5189
17.11.93
Hier streicht der
Wind der Liebe
durch die Poesie

Von Anmut ist
die Zärtlichkeit
getragen

erweckend Freude
in des Herzens
Sonnenschrein

5190
18.11.93
Die Woche
in Triolen der
Glückseligkeit

Des Lebens Schreiten
prüft sich an
des Herzens Wohl

Wir haben uns dem
Wonnesein
Verschrieben

5191
19.11.93
Sulamith
im Kleid der
schwebenden Präsenz

Lauschendes
Gedenken
herzfroh

ins
Verträumtsein
hingesunken

5192
20.11.93
Sinnkraft und
Verehrung
heben uns hinan

In grandioser Stille
bricht
der Taglauf an

Wir schenken uns
der Freude
beschwingende Flügel

5193
21.11.93
Sind wir
bedarf es
keiner Worte mehr

Wir alle *sind*
und können es
nicht fassen

Bis uns
die Blüte wird
im Auferstehn

5194
22.11.93
Zum Licht
erkoren
neu geboren

wandeln wir
beglückt
dahin

wo Klarheit
Liebe und Erfüllung
fliessen

5195
23.11.93
Du bist
Meiner Liebeskraft
anheim gegeben

Oeffne deine Phantasie
dem
reinen Guten

und
verströme
sie

5196
25.11.93
Den Klang der
Meisterschaft will Ich
von dir vernehmen

Dein Aufschwung
ist Mein
unablässig Ziel

der
Götterherrlichkeit
entgegen

5197
26.11.93
Ein Lied geht um die Welt:
das Lied von
Menschenfreundlichkeit und Liebe

Das Christuslicht
erhellt
die Seelen

und gewährt
Glückseligkeit
und Ruh

5198
27.11.93
Eine Traube
für des Mündchens
Süsse

Ein Lächeln
für das
liebe Herz

von
Rosenköpfchen
rings umwoben

5199
30.11.93
Das Haus bestellt
die Lichter angefacht
dem Herrn

In seiner Weise
will Er dich der
Liebe weihen

Öffne dich
dem überird'schen
Weg

5200
30.11.93
Tränke dich
mit
Sonnenliturgie

Eratme deines
Seelenlichts
Entzücken

und erweise
Seinsbefreien
deinem Sinn

5201
30.11.93
Wirbel
und ruhn
im Siebenbecherhäuschen

Schwelgen
im Klang der
Seelenharmonie

Gleichnis
der Besinnlichkeit
im süssen Werben

5202
2.12.93
Lobgesang der Sterne
im
Eremitenchor

Sich finden
durch
das Licht

in
Liebessphären

5203
3.12.93
Wir
erwandern uns
den Frieden

Wir teilen uns
das Glück
der Harmonie

im
traulichen
Genügen

5204
5.12.93
Born
der Liebe
Seinserleben

Lächelndes
Gewahren
deiner Näh

im
Seelenumfangen

5205
9.12.93
Wandel im Wachsein
weise
Mixtur

Die Seele
im Hochgefühl
des Seins

Zärtlichen
Umfangens
Melodie

5206
10.12.93
Die Saite
der Wünsche
klingt wunderbar schön

Schöner
das Orchestrion
der Erfüllung

im Sein
der fliehenden
Unendlichkeiten

5207
12.12.93
Weg und Steg
verschneit
ein Märchen

Traulichkeit
der Stube
beim Feuerschein

sowie
beim Fluss der
seligen Stunden

5208
Meiner Treu
wie trag ich dir
den Morgen an

mit einem Kuss
auf Stirn und Wangen
und aufsRosenmündchen

mit dem Lächeln
der Holdseligkeit
des Lebens

5209
14.12.93
Liebe und Geduld
im Angesicht
der Lebenstage

Transformation
der Kräfte
ins Unendliche

Seinsbezug
im
zärtlichen Umfangen

5210
15.12.93
Zwei Schwäne
ziehn glückselig
ihre Spur

Geborgen in Natur
und Leben atmen sie
im Sein

an das sie sich
vollends
vergeben

5211
16.12.93
Den Weg der Kindlichkeit
beschreiten, ohne
kindisch zu sein

Dankbar für die
Gaben der
allgöttlichen Natur

wie in der
Seelenstimmung
grandiosem Heil

5212
17.12.93
Behutsam weben wir
Gedanken in die
Zeitenstille

Von Ahnungen erfüllt
gewahren wir
das Glück

in
stillen
Zweisamkeiten

5213
18.12.93
In grosse Pläne
sind wir
eingeschrieben

Erkennen wir
der Sendung
Stoss

quillt
unser Dasein
Götterleben

5214
19.12.93
Ohne Grenzen ist
der Herzensliebe
Melodie

Zauberhaft
sind uns
die Morgenweihestunden

wenn die
sprossenden Gedanken
ins Unendliche verwehn

5215
20.12.93
Wärme
Güte
zärtliches Umfangen

Alabasterreine Liebe
keusch
und bloss

dem
Lebensspiel
zu eigen

5216
21.12.93
Wachsend
wachsen wir
einander zu

Gebenedeit
in
Stürmen

Selige
im Reich der
Seelenharmonie

5217
21.12.93
Wintersonnenwende
Lust
der Winde

Aufschwung
in die
Siegestat

der
Maienluft
entgegen

5218
22.12.93
Von Haus zu Haus
ein
freudevolles Lächeln

Die Sonne
Herzlichkeit soll
uns erstrahlen

leise
kraftvoll
allbeseelend

5219
23.12.93
Herzensreichtum
im bewussten
Überfliessen

Heimlichkeit
der Liebe im
Sehnsuchtsstrahl

Zärtlichkeit
im
lächelnden Erleben

5220
Weihnacht 1993
Aus unermessnen Gründen
blinkt der Stern der Liebe
unserm Schauen zu

Seinsverwandte
tragen wir sein Licht
im Herzenssaal

der Welt
den Frieden
zu verströmen

5221
26.12.93
Allweisheit
läutert
die Herzen

Sehnsucht
formt sich zum
Seelengesang

den uns die Engel
von den Lippen
nehmen

5222
28.12.93
Dir zur Feier
hebt die Sonne sich
ins Firmament

Öffne dein
Bewusstsein
ihrem Glänzen

und
bewahre dich
in ihm

5223
29.12.93
Friedensschluss
im Reich
der Sympathie

Auserwählte
Zartheit
im Berühren

Seelenjubel
im
beglückenden Tun

5224
30.12.93
Liebeskraft
in
allen Dingen

Übereinkunft
in des Werkens
Harmonie

Neuer Schönheit
freudiges
Empfangen

5225
Silvester 1993
Allweisheit
führt uns durch
den Weltensaal

Des Wegs
Gemeinsamkeit
ist offenbar

im
Liebesopferstreben

5225/a
2.1.94
Ich will
bewussten Schreitens
Melodie vernehmen

Entzünden mich
am Wohlgefühl
des Weltseins

freudetrunken
wie die
Sterne gehn

5226
4.1.94
Ringelreihentanz
der Tage
durch das Jahr

Blütenkränze
Melodien
Frühlingsharmonie

im reinen
Seelenschaun
der Seligen

5227
5.1.94
Trunkenheit
des Seins in
allen Dingen

Vollendung
wo die Sterne
ihre Wirbel ziehn

und sich die Liebe
im Geliebten
wieder findet

5228
6.1.94
Melodie der
süssen Nächte im
Seinserleben

Liebeskräfte
in der
Lebensharmonie

zweier
glückerfüllter
Seelen

5229
7.1.94
Die Wirklichkeit
ein
Traum

Und was wir
träumen ist
nichts Wirkliches

Nur
dass wir *sind*
besteht

Wonnevolle Nächte

5230
9.1.94
Behutsam weih
ich mich der Liebe
im Erfahren

Wonnevolle Nächte
reichen sich
die Hand

von
süsser Harmonie
getragen

5231
Liebevoll und heiter
grüss ich dir
den Tag

Eine reine Flamme
brennt in
meinem Herzen

deiner
Sehnsucht
zu

5232
11.1.94
Wesensfreie
Wesensliebe
im Vereinen

Ebenmass
der Lauterkeit im
Sich Verstehn

von
lichter Seligkeit
umflossen

5233
13.1.94
Lebensballerina
auf dem Seil
der Tücken

Lebendige
Liebenswürdigkeit
wohin ich seh

die
Seele zu
entzücken

5234
14.1.94
Ereignis um
Ereignis zieht an
Mir vorüber

Liebevoll und
lächelnd
weiss Ich

Meine
Sendung zu
behüten

5235
15.1.94
Lob der
bilderreichen
Töne

Faszination
des stimmverflochtenen
Gesangs

im Zug
des
Seelenschwebens

5236
17.1.94
Jeder Tag
ein
neues Leben

Jede Rose
neue
Liebe

im
zärtlichen
Verweben

5237
18.1.94
Traumverloren
fühlst du mein Dasein
im Gemüt

Im Spiel der Bilder
halt ich dich
umfangen

und
gereiche dir
zum Seelenwohl

5238
19.1.94
Transparenz des Herzens
vor dem
Götterschauen

Blösse
jeder
Seinsfibrille

an
Elysiums
Toren

5239
20.1.94
Reine Lust des
Offenbarens der Gedanken
die an mir vorüberziehn

Hochgesang der Freie
im Gebet
der glitzernden Natur

Ebenmass
des Seins auf
Adlerschwingen

5240
21.1.94
Erwachen ins
Umfangen liebevoller
Zärtlichkeit

Blühendes
Erleben reiner
Sehnsuchtsträume

in der
seligen
Morgenharmonie

5241
23.1.94
Heitere
Gelassenheit in
Aetherräumen

Sinnbezug
in Liebe
zart und rein

im
lächelnden
Ergänzen

5242
24.1.94
Feentraum
im sanften
Schlummerliegen

Alabasterreine
Zärtlichkeit
empfindend

was uns
Himmelsglück
beschert

5243
25.1.94
Zum Tag gewendet
schöne Seele
schreiten wir voran

In zarten Schleiern
schickt der Engel
sein Behüten

allwo wir sind
in unsre
Harmonie

5244
25.1.94
Das Lied der Kerze
will ich singen
die sich meinem Sinn
in Andacht und
Verschwiegenheit verströmt

Vom Spiel der samtnen
Flamme bin ich fasziniert,
die sich, ein lichtes Wesen,
in sich selbst vergnügt

5245
27.1.94
Freu dich an der
Freude unseres Seins
in zärtlichen Bezügen

Lächle deine
Zuversicht ins Kommen
lieberfüllter Tage

Trink meiner Augen
heitres
Sich-Verstrahlen

5246
29.1.94
Graziella der schönen Liebe
an meinem Herzen sollst du
überglücklich ruhn

Ich behüte dich
mit meinem
Lippenpaar

und lasse
selige Trautheit
in dein Wesen strömen

5247
31.1.94
Wunder von Zartheit
Knospe der Liebe
im Seelengesang

Leis, leis wieg ich
dein Köpfchen an der
Seligkeit der Brust

um den Zug
der Sehnsucht
zu vereinen

5248
1.2.94
Sehnsucht
Liebelicht
Geborgenheit

der Seele
ewiges
Begehren

im Lächeln
zweier Seligen
ins Morgenrot gelegt

5249
2.2.94
Heiterkeit und
Frieden im Erlangen
der Lebenssüsse

Der Freude
Auferstehn
wallenden Herzens

in der
Seligkeit der
Liebesarme

5250
4.2.94
Wie traulich ist die Welt
im
Knusperhäuschenspiel

Wenn die Blümchen
und
die Häslein schlafen

und sich
die Herzen leis
und leicht berühren

5251
Dankbarkeit
der Liebe
im Gemüt

die
Herzlichkeit
in allen Fibern

deinem
Wesen zu

5252
6.2.94
Frohgemut ergibt
die Seele sich den
Frühlingslüften

Losgelöst und heiter
sieht sie sich
im Sonnentag

und vergisst die Zeit
ob soviel
reinen Seligkeiten

5253
7.2.94
In der Herzensstille
glüht ein Licht
für's Leben, Tag für Tag

Ich ehre dich
indem ich deines Wesens
Umhang bin

im
beglückenden
Gefühl

5254
8.2.94
Vom Hof der guten Dinge
fallen dir die
besten Früchte zu

Wie schön der Morgen glänzt
im Taumel der
Holdseligkeit

zu
leben

5257
8.2.94
Ein Koloss
zog ein - und
aus

tyrannisch
und
erhaben und

ein Kind
in
Seinen Armen

5259
9.2.94
Trautheit und
Verehrung fühl ich
im Ergänzen

Leichtigkeit im
klingenden
Herzensdom

von
deinen
Gnaden

5260
10.2.94
Ein Geniessergrüppchen
schwebt durch
das Nächtlein

Perlenklänge
rieseln durch
die Düfte

und
Feuerchen
treten hervor

5261
10.2.94
Weihevoll
ziehen die
Stunden dahin

Grazile Töne
plätschern von
Schale zu Schale

im
Notturno der
Glückseligkeiten

5262
11.2.94
Hingekuschelt
in die doppelte Wärme
seligen Seins

der Stille
ergeben
gestillt

und vollkommen
ans Dasein
verloren

5263
13.2.94
Eine Zuckerlandschaft
in Ruh erstarrt
im Träumen

Winterhauch
und Schweigen
weihevoll

vor der
anbetenden
Seele

5264
13.2.94
Glückerfülltes
Schreiten
himmelan

Ruhn im
Sonnstrahl
lichtumflossen

vor dem
Festgebraus
zutal

5265
15.2.94
Wohlgesetzter Fluss
der
Menschlichkeiten

Aussenwelt
im
Herzenston

von
Vergänglichkeit
getragen

5266
15.2.94
Gedänkelchen
zum Tag
voll Süsse

sturmfrei wie
ein Coffee cup am
Sommernachmittag

ein
Vergissmeinnicht
am Wege

5267
16.2.94
Heilig und
wunderbar sind
zärtliche Gefühle

wie
Frühlingsjauchzen
im Licht

wie der Anfang
einer
seligen Sage

5268
16.2.94
Meischen picken
Körner im
Vogelschloss

und packen
sich das Ränzchen
voll

dem
Frost zu
trotzen

5269
17.2.94
An irgendeinem Häkchen
hält sich unser Sinnen auf
und wird zum Mordsgedanken

Wir bauen eine Stadt
von Plänen um
ihn auf und

legen ihn, im Fluss
der Zeit, getrost in
ein Schublädchen

5270
18.2.94
Andante
con moto
eine Liebesmelodie

Nachtgeschmeide
glitzernde Sterne
und du

im
morgentrunkenen
Umfangen

5271
19.2.94
Samtnes Herz
wie köstlich klingen dir die
liebelichten Stunden

Hoffende im
Götterparadies mit
mir vereint

wo sich
die Zärtlichkeiten
Referenz erweisen

5272
21.2.94
Reine Seligkeit
durchzieht die Seele
wenn sie schwebt

Wo bist du Samuel
vernehm ich sehnsuchtsvoll
dein Rufen

Leis umfängt
die Liebe ihren
Traum

5273
23.2.94
Oh du,
von welchem Stern
in meinen Armen

liebvoll
sei
bei mir

in
Freudenritualen

5274
23.2.94
Fluss des
seligen Gedeihens
der Gefühle

Dankbarkeit
des Herzens
in der Zeit

der Fülle
vor den Toren
des Elysiums

5275
23.2.94
Im Zeichen der
Güte der Zeit fliesst
die Stille dahin

Seligen Schaffens
erreichen die Freien
ihr Ziel

und
gedeihen wie
Röslein im Garten

5276
23.2.94
Die Götter harren der
Geburt der Seligkeit
in den Seelen der Weisen

Ihre Beglückung ist
das Glück des Himmels
im Erglänzen

Ihr Lächeln
offenbart die Freundlichkeit
Elysiens

5277
23.2.94
Seligkeit fliesst
aus der Stille des Seins
ins Geschehn

Das Leben ist gut
in der Güte
der Zeit

die wir
zärtlich und weis
mit ihm teilen

5278
23.2.94
Die Reinheit der
Blüten im Haar
soll uns lehren

des Lebens
Lächeln
zu sehn

in
benedeiten Stunden
strömender Glückseligkeiten

5279
24.2.94
Weg der Mitte
zum
goldenen Tor

Majestätisches
Schreiten
im Seelenhain

der
Unsterblichkeit
entgegen

5280
25.2.94
Liebevolle
Gebärde der Sanftmut
im Erwachen

selige
Stille
im Sein

dem
Seelenlächeln
hingegeben

5281
25.2.94
Das Tässchen Tee
ein Glückskraut unter
Myriaden Sternen

Madame will trinken
derweil ihre Beisserchen
im Nass scintillieren

und die Äuglein
im Duften
erglänzen

5282
25.2.94
Die Träumer
vom Schicksal
zum Träumen bestimmt

die Emsigen
zur Emsigkeit
mit Hand und Fuss

im
ewigen Gleichmut
der Zeiten

5283
28.2.94
Trag Herzensgüte
Weisheit und Geduld
dem Tag entgegen

Ich halte dich
in Lieblichkeit
umfangen

und lächle
deiner Sehnsucht
Treue zu

5284
1.3.94
Wunderkinderaugen
wie die Sterne
schön

Die Seele schaut
die Pracht des Lebens
sprachlos

in die
Liebeshand
geschmiegt

5285
2.3.94
Wie sich die Wege
ineinander schlingen
so verschiedner Leben

Jugend und Reife
Kinderunschuld und
Weisheit

Mann und Frau
im Wandel
stürzender Aeonen

5286
8.3.94
Die Sehnsucht strömt von
Herz zu Herz
das Liebeslied zu singen

Im Hier *und* Dort
ein Heim sucht sich
die friedevolle Seele

Lass uns dem Leben
danken
für das Sein

5287
10.3.94
Die Sprache der Liebe
ist wunderlich
in sich verschlungen

ein süsser Regen
der ins Herzland
rieselt

ein Gedanke
der sich von der Sehnsucht
nährt

5288
10.3.94
Vernunft ist
eine Weise und
die Liebe ihre Schwester

Schöne Tage
singen
dem Herzen

ihr
Liedlein
entgegen

5289
11.3.94
Die Menagerie komplett
der Auftritt
kann beginnen

Die Tigerkätzchen
ducken sich
ins Sägemehl

die Peitsche knallt
zum krassen
Sprüngespiel

5290
12.3.94
Wohin der Blick?
In Meine Höhn
der Herrlichkeiten

Dem Glück des Schweigens
lauschen
dürfen wir

hinabgeführt
in wundervolle
Tiefen

5291
15.3.94
Ein Myrtenkränzchen
für die
frohe Sängerin

Ein Bonbon
dem
süssen Mündchen

Ihrem Wesen
eine Woge
seligen Gefühls

5292
15.3.94
Von Tag zum Tag trag ich
die Sehnsucht
als erschütterndes Gebet

Der Liebe will ich mich
verschenken und
an ihrem Duft vergehn

Wehmut und Herzensglück
vermählen sich in
meines Wesens Wiege

5293
15.3.94
Herzensunruh
in des Frühlingszaubers
Melodie

überall
ein Glänzen
und Vergehn

ein Flittern
und Verzagen
tagdurchträumend

5294
17.3.94
Herzensfrieden
weil die Sterne
ihre Lauterkeit verrauschen

Entzücken
ob dem
jubelnden Gepränge

Himmelsankunft:
Romeo
ist da

5295
18.3.94
Liebesweisen
sing ich dir
ins Herz

Die Welt
ein trautes Heim
für feines Fühlen

Das Unendliche
die Wiege für
dein Sein

5296
18.3.94
Die Hüterin der Stille
flutet Wärme
ins Geborgensein

Das Festgefahrne
löst sie
sanften Blicks

und erfüllt die Lebensszene
mit Lebendigkeit
und Frieden

5297
20.3.94
Natürlichkeit
erweckt in uns
erhabene Gefühle

Offnen Herzens
sind wir uns in
allem gut

und verehren
was wir sind in
liebestraulichem Gewähren

5298
21.3.94
Vom Hier zum Dort
ein weiter Weg dem
Himmel auserlesen

Anfang und Vollenden
öffnet sich dem Herzen, wenn es
schweigend in sich ruht

Liebe adelt
was wir sind der
Innigkeit gemäss

5299
22.3.94
Ein traulich Kätzchen
möchte sich
in Liebeshände schmiegen

Ein sehnend Herz
singt eine
süsse Melodie

die
Wunderblüte
zu erwecken

5300
25.3.94
Dreifaltigkeit des
Werdens in der
Einheit Schoss

Liebenswürdigkeit
der Gottestaten im
Verbund der Seelen

die sich in
Harmonie und Einheit wieder
in Ihm finden

5301
27.3.94
Die Menschen
freuen sich am
wundervollen Tag

selbander
mit den
Geistern

die ihnen
hilfreich
Pate stehn

5302
29.3.94
Siehst du die
Woge Lichts die dir
entgegenflutet

die Lebensflut
in der du
vorwärtsstrebst

der
Osterherrlichkeit
entgegen

5303
29.3.94
Eine Arabeske
des guten Tons
im Abendleuchten

Rossignols
Gezwitscher unterm
Kreuzbaum

in
Herzensandacht und
Genie

5304
30.3.94
An uns selbst
Gebundene sind
wir, die Freien

Herein bricht
wenn wir's schauen
österliches Licht

verbreitend
Freudenflut
im Seelendom

5305
1.4.94
Ins Liebeslicht getaucht
gesundet eine Welt
von ihren Nöten

Das Lied der Hoffnung
hört die Seele
klingen

Der Hauch der Zärtlichkeit
durchflutet
ihren Hof

5306
2.4.94
Seelenwolken
stehn - und ziehn
vorüber - hautnah

Ruh und
Seligkeit
zieht ein

ins
Geistreich
des Vertrauens

5307
4.4.94
Des Zagens Zug
verliert sich
im Vertrauen

Born der Weisheit
in das
Seelensein gelegt

das
Himmelreich
zu preisen

5308
5.4.94
Feinsliebchen
trippelt durchs Häuschen
unbeschwert

Die Himmel
öffnen
ihr Verlangen

und gewähren
deiner Seele
Glück und Ruh

5309
5.4.94
Ich verstrahle Wärme
in den Lichtraum
meiner Taten

Das Vertrauen
meiner Seele hab ich
in den Herrn gelegt

der meiner Wege
kundig ist
für Ewigkeiten

5310
7.4.94
Im unbeschwerten Tag
eratmet sich die Seele
Glück und Frieden

Feierlich und froh
wird sie vom
Lichtglanz in den Höhn

und legt die Flügel
still zur
Andacht nieder

5311
9.4.94
Liebestrunken
hingesunken in die
Zärtlichkeit

Alabasterrein
die feinen Glieder
des Gefühls

im
wunderbaren
Schwanken

5312
10.4.94
Sammetpfötchenweichheit
trachtet
nach Erfüllen

Lebenssüsse
strömt ins
Wesen

der
Alleinheit
in den Gliedern

5313
11.4.94
Netze des Erbarmens
ziehn die Karpfen
aus dem Tümpel

Süsse Luft
ist weiser
denn Wasser

dessen Spitze
ist das
Himmelblau

5314
12.4.94
Wunschtag
Ich preise dich
schön

Unter dem
trauernden
Himmel

verstrahlt
die Seele
Wonne und Heiterkeit

5316
14.4.94
Eine See von
Ebenmass die
Stimmenharmonie

Elegie der
Weiten der
erlösten Seelen

schreitend
wogengleich
dahin

5317
15.4.94
Leise strömt
das Seelensein durch's
nächt'ge Schweigen

Freude
in sich
zeugend

weil die
Fülle der Gedanken
endlich ruht

5318
15.4.94
Ich berühre dich
mit Feuer
der Allherrlichkeit

pflanze
Gottessamen in
dein Herz

die
Himmelsfreude
zu beleben

5319
15.4.94
Zugeneigt
der Heilkraft
gnadenreicher Melodien

atmet sich
die Seele
weit empor

ins
Blütenreich
der Seligkeiten

5320
16.4.94
Lob der Stille
im kleinen Haus
der Heiterkeiten

Lächelndes Gewahren
des
schaffenden Lebens

im
Sinnkreis
der Geborgenheit

5321
17.4.94
Reine Schönheit
offenbart die Zeit
im Niedergleiten

Liebeslieder
wo die
Rosen blühn

Lichte Traulichkeit
im Ebenmass
des Weilens

5322
18.4.94
So hüpfe mein Herz
in Freuden
ob allem Geschehn

ob Winde heulen
ob Regen saust
du bist bei dir

und mir
in wundervollen
Kreisen

5323
18.4.94
O Röslein rot
wer hat dich
so bezwungen

dass du
im Herzen fein
dein schönstes Lied gesungen

Sag mir's an
dass ich dich tief
begreifen kann

5324
Der Mensch ist frei
von alters her
das Licht zu finden

Ruhe nicht
bis es dich weckt
in deiner Seele Schoss

der
Freude
zum Erblühn

5325
19.4.94
Nutze die windstille Zeit
Seelenkräfte
zu sammeln

Lies im
Buch der
Weisheit

und
vollbringe
was dir frommt

5326
19.4.94
Zeichne Lichter
in die Finsternis
der Tage

Verwandle dich
im
hehren Spiel

der
tickenden
Unendlichkeiten

5327
20.4.94
Frührot des
Empfindens, dass wir
einig sind

Hochgemutes
Werben um
Verklärung

der
Verschiedenheiten

5328
21.4.94
Distanz von allen Dingen
und
herzinnige Näh

Seidenweich
voll Kraft
im Leben stehn

die
Liebe
zu erlernen

5329
21.4.94
Rein und heiter
atmen
die Himmlischen

Glück
und
Frieden

ins
Weben
der Tage

5330
22..4.94
Vergissmeinnicht und
Rosenrot im
Staunen

Bald
kommt
der Mai

in
hunderttausend
Blüten

5331
23.4.94
Gottes Stimme
in den
Tönen

Hirt der Herden
im
Geistruf

Niederkunft
zu
zeugen

5332
24.4.94
Ich behüte dich
in deiner
Träume Schoss

Vergelte dir
was du erduldet hast
im Leben

deiner
Seelenwonne
zu

5333
24.4.94
Auf du und du
mit
deinen Lieben

Sie singen
dir ein
traulich Lied

im
Frühlicht
neugeborner Tage

5334
26.4.94
Ich geleite dich
ins Reich der Mitte
ohne Zagen

Sei freundlich
meiner Freundlichkeit
im Herzverlangen

und ergib dich
meinem
Wohl

5335
27.4.94
In Schönheit
geboren, in
Liebe gelegt

Seelenwonne,
Sternenglanz
in

dieser Nacht
hauchzarter
Harmonie

5336
28.4.94
Nimm
mein Herzgefühl zur
Gabe in den Tag

Sieh
die Zweige
Reinheit rauschen

in der
Blütenfülle
ihres Spriessens

5337
29.4.94
Wo die Träume beginnen
vollendet sich
die Wirklichkeit

Im Gras geschehn die
wunderbarsten Dinge, wenn
die Käferchen vorüberwanken

Im Garten
der Liebe ist
alles so heiter und schön

5338
30.4.94
Ich höre
die Weise der Stille
zerfliessen

ins heilige Licht
in
den Räumen

die Seele
ins
reine Verstehn

5339
1.5.94
Heilig ist die
Morgenstille im
Erwachen der Natur

Friedvoll überschwebt
die Seele ihre
eigene Natur

und erkennt sich
in der Seligkeit
des Seins

5340
2.5.94
Ein goldnes Krönchen
trägt die Mutter Sonne
-voller Herzlichkeit gesehn-

Rein ist der Aether
ganz
lichtgesättigte Bläue

in der
scintillierenden Stille
des jugendfrischen Tags

5341
3.5.94
Glutrote Schöne
im Sonnengesang
des Entschwebens

Andacht vor
dem Schöpfungswunder
der Natur

dein Bild
im
Herzgewahren

5342
3.5.94
Majestät
des Lichts im
All-Erscheinen

Schweben
der Gestirne vor dem
Sonnenstrahl

in
geheiligten
Bezirken

5343
5.5.94
Schönheit
der Sanftmut
im Morgentraum

Vollkommnes
Equilibrium
gestillter Zeiten

Grazie
des Lebens
in der Seelenharmonie

5344
6.5.94
Vor dem Morgenrot ein
Wie und Was und
tausend liebe Grüsse

Weisst du wie viel
Sternlein stehn
über Wolkenbänken

Weisst du um das Herz
das sich in deiner
Lieblichkeit verhängt

5345
8.5.94
Wunderbar im Weben
Mutter Erde
jetzt und hier

Kräftevoll und
heiter spricht sie leis
die Menschen an

die sich ihrer
Friedlichkeit
ergeben

5346
8.5.94
Das Liebliche
gefällt dem Blick
der sich ihm weiht

Die Wälder und Felder
atmen Glückseligkeit
in ihren jungen Trieben

Beschwingt und heiter
darf darin ein Menschenpaar
sich selbst genügen

5348
10.5.94
Ins Land der
guten Sitten
wollen wir reiten

Sphärenmusik umfängt uns
wenn wir
nach dem Herzen gehn

und nach der
allverklärenden
Liebe

5349
10.5.94
Karriere
auf den Buckeln
der Zeitwelt

Träumrisches Zerfliessen
auf den Spiegeln
der Hochmoortümpel

Ewige Wachheit
in der Benedeiung
des Seins

5351
12.5.94
Eine Banane
zum Frühschmaus
für's Kindchen

Locker
zum Tischchen
gebracht

wo Gabel
und Messerchen
liegen

5352
12.5.94
Heiter und ernst
steht der Himmel vor
deiner Seelenliturgie

Die Weihe
vollzieht sich im
hoffenden Schweigen

Transzendiere
um dein wahres Glück
zu generieren

5353
15.5.94
In der Stille
friedevolles Wachsein
welche Gnade

Der Fluss feiner
Gedanken verläuft sich
ins Äthermeer

Die Gefühle schweigen
in der Wonne
glückseligen Weilens